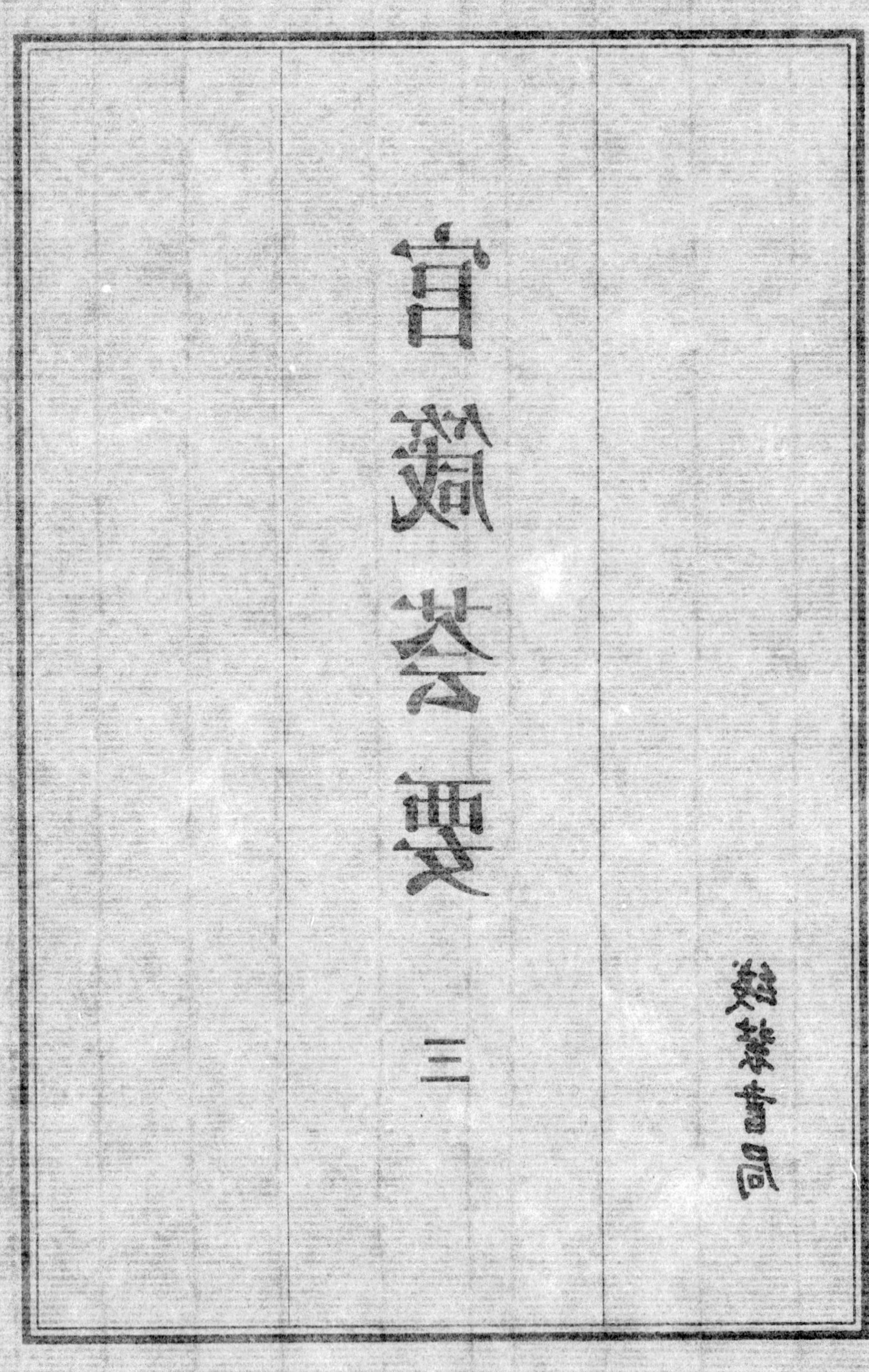

官箴荟要

三

线装书局

目录

目录

宦游日记　〔明〕徐榜　辑　九七
求志编　〔明〕王文禄　撰　一〇七

宦游日记 〔明〕徐榜 辑 九七

求志编 〔明〕王文禄 撰 一〇九

风宪忠告

〔元〕张养浩 撰

《风宪忠告》是对监察官员的劝告。风宪，即风纪，指监察官员。此书据传是张养浩任监察御史时所著。全书分自律、示教、询访、按行、审录、荐举、纠弹、奏对、临难、全节等十篇。不仅论及风宪的要务，而且强调节义，谓『节义者天下之大闲。臣子盛德，不荡于富贵，不蹙于贫贱，不摇于威武，道之所在，死生以之』。

自律第一

士而律身，固不可以不严也。然有官守者，则当严于士焉。有言责者，又当严于有官守者焉。盖执法之臣，将

以纠奸绳恶，以肃中外，以正纪纲。自律不严，何以服众？夫所谓严，如处子之居室，一行一止，一语一默，必遵礼法，厥德乃全。跬步有违，则人人得而訾之。苟挟权怙势，惟殖己私。或巧规子钱，或盗行盐铁，或荒耽曲蘖，或私用亲属，或田猎不时，或宴游无度，或潜托有司之事，或妄兴不急之工，或旷官第而弗居，或纵家人而不检，于斯数者而有一焉，皆足为风宪之累。近年南北富民，多起宅以居势要，因济己私。既有官舍，则不必居于彼矣。夫朝廷以中台为肃政，以御史为监察，以宪司为廉访者，政欲弭奸贪，戢侵扰，开诚布公，俾所属知所法也。今而若是，牧民之吏，将焉法哉？且他人有犯，轻则吾得而言之，又重吾得闻于上而戮之。己之所犯，其孰得而发哉？恃人不敢发，日甚一日，将如台察何？将如天理

风宪忠告

〔元〕张养浩 撰

《风宪忠告》是元代张养浩为监察官员写的书。风宪，即风纪，指监察官员。此书是张养浩在任监察御史时所著。全书分自律、示教、询访、按行、审录、荐举、纠弹、奏对、临难、全节等十篇。不仅论及风宪的事务，而且强调其义，谓"苟义之天下之大困，由于盛德，不淫于富贵，不变于贫贱，不挠于威武，道之所在，死生以之"。

自律第一

士而律身，固不可以不严也。然有官守者，则当十士焉。有言责者，又当十有官守者焉。盖执法之臣，奉

以纠奸绳恶，以肃中外，以正纪纲。自律不严，何以服众？夫所谓严，岂必于入居室，一行一止，一语一默，必谨礼法，廉德乃全。非法有违，则人得而议之。苟挟恃势，擅植己私。或巧规于货，或盗行于货，或营宪曲囊，或私用亲属，或田猎不时，或宴游无度，或淹抑有司之事，或妄兴不急之工，或占官第而弗居，或纵家人而不检。于斯数者而有一焉，吾见为风宪之累。近年南北富民，多起宅以居势要，因济己私。既有官舍，则不必居于彼矣。夫朝廷以中台为执政，以御史为[illegible]监察，以宪司为廉访者，或欲弹奸贪，最宜先开诚布公，俾所属知所法也。今而若是，按民之吏，将谁法哉？且施人有过，故则宜谥而言之，又重得罪于上而毁之。己所作之，其弊肆臣等毁？非人不敢攻，日甚一日，每每苟合取容，以违天道

何？故余备载其然，俾为宪司者，有则改之，无则益知所以自重。

示教第二

甚矣，人之不可无教也！生知如圣人，犹胥教诲，胥训告，况不能圣人万一者，可忽焉而不务哉？大抵常人之情，苟非其所惮，虽耳提面命，则亦不足以发其良心。何则？非所素服素畏者故也。今夫庶司之职，为众所畏服者，莫如风宪。诚因监莅于彼，或始上之日，会所属而勖之曰：『彼之官，重者廷授，次者省授，又次则吏部授。大小虽殊，无非国家臣子。为人臣子，奸汙不法，人孰汝容？夫纳贿营私，所得甚少，所丧甚多，与其事败而治，曷若先事而教之为愈哉！吾之此言，虽曰薄汝，实厚汝也；虽若毒汝，实恩汝也。』苟能如是谕之，吾知退而必

有率德改行，易凶恶为善良者矣。且刑罚不足以致治，教之而使不犯，为治之道莫尚焉。圣人谓不教而杀谓之虐。又闻治于未然者易，治于已然者难。近年刘伯宣为浙西宪使，疏真西山《守令四箴》，播告所属，且曰：『近年执宪者，惟知威人以刑，而不知诲人以善。』呜呼！刘公此言，可谓仁人君子，深得风宪之体者矣。

询访第三

今为政者，往往以先入之言为主。非彼狃狗一偏，盖由不通上下之情故也。欲通其情，莫如悉心询访。小而一县一州，大而一郡一国，吏孰贪邪，官孰廉正；何事病众，何政利民；豪横有无，风俗厚薄，既得其凡，他日详加综覆，复验以事，其孰得而隐哉？苟廉矣，即优之礼貌，荐之举之，则善者劝矣。苟贪矣，虽极品之贵，即蔑之，

何？政令备载其条，每有先后者，有则改之，无则益治者所以自重。

示教第二

甚矣，人之不可无教也！生知圣人，犹资教诲，宿言者，况不能圣人，万一者，可容诲而不多责哉？大抵常人之情，苟非其所惮，虽耳提面命，则亦不足以安其良心。何则？非所素服，素服者改也。今夫弗遍之服，为众所畏服者，莫若风宪。诚因临莅于彼，或谕上之曰，令所属百晓之曰：「彼之所宜，重者在乎廉，次者治于敏，又次则申部缴。大小虽殊，无非国家臣子。为人臣子，行污不法，人孰汝容？夫纳贿营私，所得甚少，所丧甚多，迨其事败而治罪，吾若先事而教之，无愈乎！吾之此言，虽曰薄汝，实厚汝也；虽若毒汝，实愿汝安也。「苟能若是谕之，吾见远而自必有率德政行，是以示为善政者矣。且刑罚不足以致治，教之而使不犯，为治之道莫尚焉。圣人谓不教而杀谓之虐。又闻治于未然者易，治于已然者难。许年近治宣之法西宪使，编真西山《守令四箴》，播告所属，且曰：「法年其宪告：与其威人以刑，而不若诲人以善。「岂心乎！」近公此言，可谓仁人者乎，深得风宪之体者矣。

询访第三

令为政者，往往以先入之言为主，非彼但遍一偏，盖由不通上下之情故也。欲通其情，莫如悉心询访。小而一县一州，大而一郡一国，吏孰贪邪，官孰廉正，何事病众，何政利民，豪横有无，风俗厚薄，既得其凡，他日详加采覆，复验以事，其孰得而隐哉？若廉矣，即从之礼貌，荐之，则善者劝矣。若贪矣，虽极品之贵，即劾之。

威拒之，纠劾之，则为恶者惩矣。推而至于待士遇吏，亦莫不然。大抵一道之任，犹一家之务焉。善为家者，其子弟族属，下逮奴隶，其情性良否，皆所当知。一或不及，则将甘为所弄而不悟。久必致是非颠倒，以佞为忠，以贪为廉，以无能为有能，政令不行，而纪纲替矣。前辈有云，为宰相不难，一心正两眼明足矣。呜呼！彼长风宪者，其责任之重，亦岂下夫宰相哉，若之何不以前辈之言为法？

按行第四

将家云，多算胜少算，少算胜无算。不特用兵为然。虽莅官临政，亦莫不尔。夫廉司所莅之处，一方官吏，皆惕然不自安。其所不安者，由彼为恶日久，恐人有以发而讼之一旦故也。彼既内隐其恶，则必多方以求司官所亲之人而解之。夫司官所亲者，曰书吏焉，曰奏差焉，曰总

领焉，曰祗候焉。夫为人弥缝私罪，则何求不得，何请不随？为司官者，苟不深防预备，严为禁切，万一连己，悔将何及！若乃司官廉正，犹或庶几。其或彼此胥贪，弊将焉救。于是乎有箕敛者，有稇载者，有箧笥充者，有囊橐盈者。微至土所宜，靡不搜刮，昔端州出佳砚，包孝肃公出判于彼，及其代也，徒手而归。李及知杭州，丝馈缕谒不逮门，由市白乐天文集终身以为慊。古人持身之廉如此，况在风宪。其所行州郡，敢假分毫之物以自溷哉？大抵宪长得人，则司官不敢恣；司官得人，则书吏不敢恣。抑闻各道公宴，司官、书吏、奏差，同堂而坐，喧哗笑谑，上下不分，所以致彼操纵自如，百无忌惮。谚谓廉访司乃书吏之权，迹此观之，信非虚语。诚能设法以禁之，威武以临之。小有所犯，即随以鞭扑，如此，庶使精锐消沮，威

言之。小有所治，即随以籍计，若完，乘便精滤，道，度吏之权，违先虑之，信非虚语。诚能设法以禁之，庶或以下不分，所以致使操纵自由，百无忌惮。盖通廉访司乃由督同各道公案，司官、吏、奏、差，同堂而坐，[illegible]上挟弟未得入，则司官不敢恣；司官得入，则吏亦不敢恣。况，况在风宪。其所行者，皆毋假分毫之弊以自陷也。大不逾门，唯市白乐天文集，终身以为廉。古人持身之廉，如出湖千筱，及其代也，徒手而归。李及知杭州，市[illegible]留书。钱至士所宜，屏不接纳。昔端州出佳砚，包孝肃公涵数。于是乎有蓄敛者，有辎载者，有窃售者，有橐囊待何及！若乃司官廉正，统驭庶几。其或彼此通令，弊窦随之。若司官者，若不深防预备，一旦法禁，万一差己，悔领语，曰保保语。夫为人排遮私罪，则何求不得，何请不

官箴荟要

治之人而解之。夫司官所来者，曰书吏，曰奏差，曰总治之人，一旦败也，彼既内隐其恶，则必多方以求司官所来觉，然不自安。其所不安者，由彼之恶日久，恐人有以发而畏其官府，亦莫不尔。夫廉司所在之处，一方官吏，皆兵家云：多算胜少算，少算胜无算。不特用兵为然。

按行第四

任之重，亦岂下夫宰相哉。若之何不以前辈之言为法乎？宰相不难，一心正两眼明足矣。况一领风宪者，其责廉，以无能为有能，或令不行，而况纷替矣。前辈有言：为将佐为所手而不语。人以忽戒，亮非颠倒，以东西以贪为弟族属，下逮仆皂，不可不防，所当一度。一度不及，则莫不然。大者一道之任，绪一家之多语。书之家者，其子度括之，至于九族矣。推而至于十世久远，亦

威拒之，纠劾之，则为恶者惩矣。推而至于待士遇吏，亦莫不然。大抵一道之任，犹一家之务焉。善为家者，其子弟族属，下逮奴隶，其情性良否，皆所当知。一或不及，则将甘为所弄而不悟。久必致是非颠倒，以佞为忠，以贪为廉，以无能为有能，政令不行，而纪纲替矣。前辈有云，为宰相不难，一心正两眼明足矣。呜呼！彼长风宪者，其责任之重，亦岂下夫宰相哉，若之何不以前辈之言为法？

按行第四

将家云，多算胜少算，少算胜无算。不特用兵为然。虽莅官临政，亦莫不尔。夫廉司所莅之处，一方官吏，皆惕然不自安。其所不安者，由彼为恶日久，恐人有以发而讼之一旦故也。彼既内隐其恶，则必多方以求司官所亲之人而解之。夫司官所亲者，曰书吏焉，曰奏差焉，曰总

领焉，曰祗候焉。夫为人弥缝私罪，则何求不得，何请不随？为司官者，苟不深防预备，严为禁切，万一连己，悔将何及！若乃司官廉正，犹或庶几。其或彼此胥贪，弊将焉救。于是乎有箕敛者，有稇载者，有筐筥充者，有囊橐盈者。微至土所宜，靡不搜刮，昔端州出佳砚，包孝肃公出判于彼，及其代也，徒手而归。李及知杭州，丝馈缕谒不逮门，由市白乐天文集终身以为慊。古人持身之廉如此，况在风宪。其所行州郡，敢假分毫之物以自溷哉？大抵宪长得人，则司官不敢恣；司官得人，则书吏不敢恣。抑闻各道公宴，司官、书吏、奏差，同堂而坐，喧哗笑谑，上下不分，所以致彼操纵自如，百无忌惮。谚谓廉访司乃书吏之权，迹此观之，信非虚语。诚能设法以禁之，威武以临之。小有所犯，即随以鞭扑，如此，庶使精锐消沮，威

度抗之，经之，则必[illegible][illegible]然。[illegible][illegible][illegible][illegible]吏，亦莫不然。大抵一道之在，犹一家之多寡。善为家者，其于子弟族属，下逮奴隶，其情伪良否，皆所当知。一或不察，则将甘为所卖而不悟。久之必致是非颠倒，以清为浊，以贪为廉，以无能为有能，号令不行，而纪纲替矣。前辈有云：宰相不难，一心正而眼明足矣。然[illegible][illegible]风宪者，其责任之重，亦岂下于宰相哉！若之何不以前辈之言为法？

按行第四

弈家云：多算胜少算，少算胜无算。不特用兵为然，画诸可否者，亦莫不尔。夫廉可所律之矣，一方宣实，曰謇禁不自安。其所不安者，由彼此之忿日久，忽人有以文致而讼之一曰披由。彼既内隐其恶，则必多方以求可宣所未之人而解之。夫可宣所未者，曰由其实语，曰奏其语，曰总

领语，曰旅偿语。夫为人除蔽私罪，则何求不得，何请不随？为可宣者，苟不深所防预备，一为所惑，万一堕己，悔将何及！然则若乃可宣廉正，然后[illegible][illegible]凡。其政欲远见，令弊语哉。于是乎有算敛者，有细敛者，有[illegible][illegible]者，有囊橐留者。微至土所宜，靡不攫取。甚者出佳贿，包苴公出。[illegible]干敛，及其代也，徒手而归。李及知杭州，深[illegible]清[illegible]不遗门，由市白乐天文集，终身以为廉。古人持身之廉如先，况在风末。其所行所当者，敢恢分毫之欲，以自陷于大[illegible]。[illegible]未得入，则可宣不致忿；则可宣得入，则由吏不致忿。[illegible][illegible]谷道公寅，可宣、由、实、奏、语，同堂而坐，[illegible][illegible][illegible]上下不分，所以致彼操纵自如，[illegible][illegible][illegible][illegible][illegible]吏之权，彼此况之，信非虚语。吏能设法以禁之，庶免以语之。小有所沾，即随以鞭扑，殆无一毫患害，[illegible]

今夫富者之子孙，有田而，必求良农佃之耕；有商贾而，必求能商贾之贾；有牛羊而，必求善畜者之牧。何则？盖彼急于治家，故不得不求其人也。况受天下之事，任天下之责者，乃不知求天下之才共治之，岂其智之不若彼富者哉？由其为国之心，未尝若其为家之心切故也。于民有人焉，廉而且干，虽有不共戴天之仇，公论之下，亦不得而掩焉。苟非其人，虽骨肉之亲，公论之下，亦不得而私焉。正所谓风宪非荐不保，非劾不弹。又有身为先所，风宪史荐己既升者。岂知一举，以国家百官之政，擢以役表百司之职，乃不思报效，徒假之以行己私，人则受其贿矣，天下有遗才，其受惠乎？大抵求而后举，不若不求而举之公，况而后荐者，不若来之议论之为博。夫己不来贤，必使人人来求己者，非吾也。盖求则不必举，举则不必况矣。故古人有闻而举者，有见而举者，有举亡者，有举来者，有集为谦者，有群见其效者，有由之夫缘者，虽其举不一，要归于公当无私而已。于戏！诚若是，则为植为风宪者，好有所事之大且久。

纠弹第七

夫合宪之职，无内外远近之分，凡有所劾，皆得况言以闻于上。夫由是得乎居中者非人，然而言之可也。虽在内，若外官者不法，然而言之亦可也。大率庶务尽公先也，驳得之矣。夫人之任也，有贵近焉，有疏远焉，贵近谓不必疑，则位卑而职微者，不争治而自大矣。其纠弹「终始当道，奸同狐鼠」，亦无义也。然举荐之本，则宜先小官；纠弹之体，则宜先贵官。然又当审其素行，为者中为小人。古诚小人，虽有所求，亦不必举。何则？其平日不善待名也，况其本以济小人之任。若不至甚，恐不宜轻易言之。俟数十年，养之，迨于一日过。盖人才难得，全才尤难得。昔赵清献公在言路，弹劾不避权贵，京师号为铁面御史。然所劾者，自由于小人，其言曰：『小人虽有小过，当力排绝之，后乃无患。君子不幸而有诖误，则当为国家保持爱护，以全其德。』于戏！赵公之言，可谓深得治体，真知大体之论矣。故今表而出之，以为当路者戒。

奏对第八

中外之官，莫难于风宪，莫危于风宪。曷谓难？人所难者不敢避，人所求者不敢求，人所私者不敢私，所谓『謇謇者易逐，謇谔者易治』，非难而何？曷谓危？人臣也。天下之是非，出自于大臣辨可否，全在于友人之补，则人之辟，本人之宜，其则罪人于死地，一夫不察，反以为事，则杀身无所于，非危而何？然由于居其官，则思尽其职，所谓危且难者，固有所不辞焉。适患乎诬，置死生祸福于度外，虽上不负国，下不负所学。其或奏对于殿廷之上，平心易气，务尽事之理。理诚直，虽从容而亦直；理诚曲，虽激切而亦曲。夫辩其辞色，非夫事上之体，而于事，亦无补益。古之攀槛断鞅，更谮也。若势危事迫，不得已而为之；苟事不可已，是为不可执以为法。前辈谓慷慨杀身者易，从容就义者难。体此而行，则庶有不忝者矣。

临难第九

夫人臣而当国家言责之任，则殒身之事，不敢必其无有。要在顺乎义，以理处之而已。若乃求名行险，沽誉无所，已先挠矣，何以自明？夫尽己之职，为国为民而得罪，君子不以为辱，而以为荣，虽缧绁之、荆楚之、斧钺之，庸何愧哉？历观自古处祸患而不乱者，三代而下，如子路之结缨，宜僚之正色，王景文之与客弈棋，刘祎之自书谢表，魏元忠之闻赦不动，是皆有以真知义命所在，非区区人力所得而移也。然士君子平昔所养，其情与伪，于焉可以见之。李斯临刑，父子相泣；杨子云被收，投阁几死；王坦之与谢安齐名，桓温来朝，倒执手板；崔浩自比子房，为辩史事，声嘶股栗，便溺不能隐。此可见彼惟事名耳，而于圣贤性命之学，实未尝得诸心也。善乎韩文公之言曰：『儒者之于患难，苟非其自取之，其拒而不受于怀也，若筑河堤以障屋霤；其容而消之也，若水之于海，冰之于夏日；其玩而忘之以文辞也，若奏金石以破

蟋蟀之鸣。』故君子之学，以明理自信为贵。

全节第十

人之有死，犹昼之必有夜，暑之必有寒。古今常理，不足深讶。若为子死于孝，为臣死于忠，则其为死也大，身虽殁而名不没焉。太史公谓死有重于泰山，有轻于鸿毛。非其义则不死，所以重于泰山也。如其义则一切无所顾，所谓轻于鸿毛也。呜呼，夫人以眇焉之身，倏尔之年，使之嵩华耸而日星揭者，非节义能尔耶？况人之贵贱寿夭，天所素定，而谓附此人则得官，违此人则失官；言事则身危，不言则无患，此世俗无知者所见，士君子岂以是为取舍哉？然正直亦有时而被祸者，君子以为不幸；奸邪亦有时而蒙福者，君子以为幸。一以为幸，一以为不幸，则其是非荣辱不待别而可知矣。故节义者天下之大

闲。臣子之盛德，不荡于富贵，不蹙于贫贱，不摇于威武。道之所在，死生以之。彼依阿澳涊，枉己徇人者，所谓无关得丧，徒缺雅道。政使获荣宠于一时，迨夫势移事易，其前日之荣，电灭风休，漠无踪迹，其昭在人耳目者，奸佞之名。千古犹一日。其为辱也，庸有既乎？呜呼！宁为此而死，不为彼而生，以是处心，庶无愧于古人矣。

[illegible]。明乎人臣之義，不淫于富貴，不移于貧賤，不屈于威武。適人所在，死生以之。安於[illegible][illegible]，推己及人者，所謂仁[illegible]夫得失榮辱，[illegible][illegible][illegible]。更有若甚于一身，[illegible]夫勢功事畢，其前日之來，由天之休；其[illegible][illegible]，其留在人耳目者，守[illegible]人之名，千古第一日。其去留也，庸有異乎？乃身一，中之[illegible]自見，不求[illegible][illegible][illegible]，以見天心，庶無愧于古人矣。

庙堂忠告

[元]张养浩 撰

《庙堂忠告》，是对中央官员的劝诫。庙堂，即宗庙与明堂，意指朝廷，即指中央官员。据传此书是张养浩于元延祐六年至至治元年任参议中书省事时所著。全书分修身、用贤、重民、远虑、调燮、任怨、分谤、应变、献纳、退休等十篇。专论中央官员的职分，以『重民』、『行道』为主旨。

修身第一

前辈谓仕宦而至将相，为人情之所荣。是不知荣也者辱之基也。惟善自修者，则能保其荣；不善自修者，适

足速其辱。所谓善自修者何？廉以律身，忠以事上，正以处事，恭慎以率百僚。如是则令名随焉，舆论归焉，鬼神福焉，虽欲辞其荣不可得也。所谓不善自修者何？徇私忘公，贪无纪极，不戒覆车，靡思报国。如是则恶名随焉，众毁归焉，鬼神祸焉，虽欲避其辱亦不可得也。于戏！身为宰相，何善不可行？何功不可立？顾乃为区区之利，蛊惑而妄行，岂不深可惜哉？且自古居相位者，未闻死于冻饿，而死于财、于酒、于色、于逸乐者，无代无之。昔诸葛孔明为丞相二十年，无尺寸之增于家，未尝忧其贫，竟以劳于王事而卒，至今其名之荣，常若世享万锺而不绝者。唐元载为相，惟利是嗜，及其败也，籍没其家，胡椒八百斛，至其名之秽，常若蒙不洁而播臭无穷者。呜呼！夫人以百年之身，天假之年不过八十、九十。姑以八十为

庙堂忠告

〔元〕张养浩 撰

《庙堂忠告》，是元代中央官员的为政之诫。庙堂，即宗庙明堂，意指朝廷，即指中央官员。此书是张养浩于元延祐六年至至治元年任参议中书省事时所著。全书分修身、用贤、重民、远虑、调燮、任怨、分谤、应变、献纳、退休等十篇。书论中央官员的职分，以『重民』、『行道』为主旨。

修身第一

前辈谓仕宦而至将相，为人情之所荣。是不知荣者，辱之基也。惟善修身者，则能保其荣；不善修身者，适以速其辱。所谓善修身者何？廉以律身，忠以事上，正以处事，恭以率百僚。如是则令名随焉，舆论归焉，鬼神福焉。虽欲辞其荣不可得也。所谓不善修身者何？贪以忘公，贪天功败，不戒覆车，靡思报国。如是则恶名随焉，众毁归焉，鬼神祸焉。虽欲避其辱亦不可得也。于戏！身为宰相，何善不可行？何功不可立？顾乃为因区之私，尽恣而妄行，岂不深可惜哉？且自古居相位者，未闻死于钺，而死于贿、于酒、于色、于逸乐者，天化之。昔诸葛孔明为丞相二十年，无尺寸之增于家，未尝沉其贪，竟以劳于王事而卒。至今其名之荣，常若享万钟而不歇。唐元载为相，渔利是嗜，及其败也，籍没其家，胡椒八百斛。至其名之秽，常若蒙不洁而播臭无穷者。呜呼！夫人以百年之身，天假之年不过八十、九十。若以八十为率，计其得志不过三四十年而已。岂有三四十年之间能食胡椒八百斛之理？古人谓利令人智昏，兹明验矣。呜呼！凡为相者，能以诸葛孔明为法，唐之元载为戒，虽台鼎终身，又何悔吝之有？

用贤第二

天子之职，莫重择相；宰相之职，莫重用贤。然则何以知其贤？询诸人则知之，察其行则知之，观其所举则知之。夫为室而不众工之资，梓人虽巧，室不能成矣；为国家而不众贤之集，相臣虽才，国不治矣。彼为相者，诚能开诚布公，廓焉无我，己有不能，举能者而用之，己有不知，举知者而用之，己有不敢言，举敢言者而用之，如是则彼之所能，皆我有矣。必欲一身而兼众人之事，虽大圣大贤，有所不能。夫粹白之狐，举世所无有也。然而有

粹白之裘者，善取于众而已矣。况大臣初不贵乎事无不知，第公正其心，无所娼疾，则智者效谋，勇者效力。呫呫以为才，捷捷以为辩，自炫自伐，则贤者必不乐为之用。大抵人君自伐，则臣职有所不行；相臣自伐，则百执事之职有所不行。为人上者，操约以驭繁，居静以制动，以无心而应天下心，则所令者从，所庸者劝。苟知其贤而任之，既任而疑之，而务胜之，顾与不知不用，自任其才也奚异？若然则体统失，而谄佞之小人至矣。与小人处，则天下之事，不论可知。吁！

重民第三

盖闻古之王者，授版则拜。窃意万乘之尊，为其民贬抑若是，尝疑焉而不取；既而思之，国之所以昌，四夷之所以靖，朝廷之所以隆，宗庙社稷所以血食悠久者，微民

不能尔也。夫天以亿兆之命托之君，君以亿兆之命托之相，是知相也者为君保民者也，君也者，为天为祖宗保民者也。天以是托我祖宗，祖宗以是托我，敢不敬与，敢不慎与！苟受其托而不能使之遂生安业，乃从而扰之、虐之、犬彘之、草菅之，则是逆天而违祖宗之命，以自戕其国也，而可乎？彼为民者，固不敢与校，然于天之心，于祖宗之心，其能无所戚欤？尝谓爱民者无过于天，无过于祖宗。天生之难，祖宗得之为尤难。王者知其如是，凛凛焉未尝不以民生为重，闻其害则除之，睹其利则举之，牧守非其人则易置之。今夫鹰师围人所掌者，不过人主服御之一物，而人尚以内侍重之；刺史县令，乃为祖宗为国家牧养斯民者，反视为不切而慢卑之，是爱民不如鹰犬，受祖宗国家一方生灵之寄者，反不如内侍，岂不颠倒失体哉？大抵下之所为，惟上是视。在上者诚有重民之心，而天下不治者，古今无有也。

远虑第四

天下之事，知其已然不知其将然者，众人也。因其已然而将然未然，逆而知之，非深识远虑者不能。室已焚而徙薪，舟已溺而市壶，疾已成而求艾，虽殚力为之无及矣。今夫隆然之堤，有容蚁之穴，宜若无所损。然周于识者，必塞而实之，虑其久而必底于讧溃故也。天下之事，皆能如是虑之，尚何后患之有哉？大抵自古国家之所以不治，臣子之所以不轨，固非一朝一夕之积。良由今日以某事为小过而不谏，明日以某人为小罪而不惩，日引月深，不自知其祸乱之成也。故臣之于君，献可替否，不敢萌一毫姑息之心。始以为无伤，卒至大可伤；始以为不

请一毫姑息之心。苟以为无害，卒至大可危；苟以为不深，不自知其流弊之所致也。若臣之于君，献可替否，不敢某事为小过而不谏；明日以某人为小罪而不纠；且不治。已而平之所以不治，固非一朝一夕之积。由今日以察能否是恶之，尚何所患之有哉？大抵自古国家之所以者，必塞而究之，恶其入而必原于讧滥安也。天下之事，矣。今夫隄然之垠，有容蚁之穴，宜若无所损。然周于治徒蔓。溺已深而求壶，病已成而求艾，虽殚力之无及然而禁于未然，防而杜之，非深识远虑者不能。虽已焚而天下之事，苟其已然不可挽者，众人也。因其已

远虑箴四

之心，而天下不治者，古今未有也。

图，未求体要。大抵下之所为，惟上是视。在上者诚有重民

属大，受祖宗国家一方生灵之寄者，反不知内外，岂不颠倒？为国家养斯民者，反视为不切而漫卑之，是为民不知服御之一端。而人尚以内外轻重之，刺史县令，乃为祖宗牧守，非其人则易置之。今夫属州国人所掌者，不过人主德意未宣，不以民生为重，闻其害则除之，睹其利则兴之，于祖宗。天生之难，祖宗得之尤难。王者知其是，禀祖宗之心，其能无所废坠？岂谓爱民者无过于天，无过国也，而可乎？彼为民者，固不敢少救，然于天之心，于之、夫端之、草菅之，则是逆天而违祖宗之命，以自其颠沛？一苟其而不能遂其生安业，乃从而挠之、虐者也。天以是付祖宗，祖宗以是付其先哉！敢不敬止，敢不祖，是皆为祖宗保民者也。吾在也，为天为祖宗保民不能尔也。夫天以尔先之命，命以尔先之命者之

足虑，卒至深可虑。惟君子为能见微知著，思患而预防之：于饮宴则防流连，于田猎则防荒纵，于营缮则防逾制，于货财则防损民，于爵赏则防僭及，于刑法则防滥杀，于君子则防疏远，于小人则防玩狎，于听览则防容奸，于征伐则防黩武。夫君之于臣，亦有所当远虑者：虽爱而不锡以过分之赏，虽旧而不授以非据之官，虽亲而不交以亵渎之谈。盖尊卑之分严，则上下之体定；上下之体定，则祸乱无自而生，天下之事，可次第而治矣。

调燮第五

人皆曰：『燮理阴阳，为宰相事。』然举世第能道其辞，迄不知阴阳何术可以燮理。按《书·周官》：三公论道经邦，燮理阴阳。盖周之三公，即今宰辅。而汉丞相平亦曰：『宰相上佐天子，理阴阳，顺四时。』厥后又有灾异

免三公之制。世俗所云，盖本诸此。窃尝即是以思：宰相所以调燮者，非能旱焉而使之雨，雨焉而使之旸；要不越尽人事以来天地之和而已矣。夫天之与人，若判然而实相表里，盖政事顺则民心顺，民心顺则天地之气顺，天地之气顺，则阴阳从而序矣。若乃怙势立威，挟权纵欲，恶人异己，谄佞是亲，于所言者不言，于所救者不救，上下相蒙，惟务从命，如此，欲望民心顺，阴阳之气和，难矣。大抵天道之灾祥，视民心之苦乐；民心之苦乐，视政事之失得；政事之失得，视宰相之贤与不贤。昔丙吉舍死人问牛喘，自以为得体，殊不知天道逆顺，当于政事观之，固不在区区一牛之喘与否也。晋庾冰为相，或谓天文错度，宜尽消御之道。冰曰：『元象岂无所测，正当勤尽人事。』冰之此言，可谓简明切要，深得宰相之体者矣。苟

况虑，本至深可虑。盖相与为能见微者著，思患而预防之：于安宴则防流连，于田猎则防荒纵，于营缮则防逾制，于货财则防损民，于爵赏则防僭及，于刑法则防滥杀，于君子则防疏远，于小人则防诉争，于所亲则防容奸，于征伐则防黩武。夫君之于臣，亦有所必然者：虽疏而不靳以至公之赏，虽旧而不敢以非据之向，虽亲而不交以数深之效。盖尊卑之分严，则上下之体定；上下之体定，则治乱自由而生，天下之事，可次第而治矣。

调燮第五

人咨曰：『燮理阴阳，为宰相事。』然举世鲜能道其详，亦不知阴阳何物，何以燮理。按《书·周官》：三公论道经邦，燮理阴阳。盖周之三公，即今宰辅。而汉丞相平亦曰：『宰相上佐天子，理阴阳，顺四时。』又有安平

免三公之责。再咎所以，盖本诸天。故谨昭以思：宰相所以调燮者，非能旱而祷使之雨，雨而祷使之旸；要不践人事以来天意之应而已矣。夫天之于人，若共慈而实相表里。盖政事顺则民心顺，民心顺则天意之顺，天意之所向，则阴阳从而序矣。若乃苛政立威，失政纵欲，恶人异己，谄佞是亲，于所言者不言，于所数者不数，上下相蒙，痛务从命，[illegible]阴阳之所谓者，痛矣。大抵天道之安祥，视民心之吉不吉；民心之吉不吉，视政事之失得；政事之失得，视宰相之贤不贤。昔丙吉舍死人问牛喘，自以为得体，殊不知天道逆顺，岂于政事观之，固不在因一牛之喘而知之也。晋顺宋为相，或谓天文错缪，宜尽谴密之道。宋曰：『元象已无所谴，王者斯勤况人事。』求之无言，可谓简明切要，深得宰相之体者矣。若

政事修举，虽阴阳之有不和，乃天道之变也，又何兼而涉之？苟政事废而不理，虽祯祥集而风雨时，顾敢以为治乎？噫！凡为宰执者，诚能以是求之，则天人之理瞭然矣。

任怨第六

夫为人臣避怨以取名，而不敢任怨，是不忠之大者也。居庙堂之上，凡有所为必揆之以义。义苟不失，众怨之言奚恤哉！今夫面犯之交，折沮之际，而心诚报国者，岂图之而不顾；夫言安之心，其安危利害相需兼。死生顾谐，若不知千万死一生之际为何若？昔范文正公患诸路监司非人，遂选簿有不可者辄勾之。或谓一笔过一人，则是一家哭矣。公曰：『一家哭，其若一路何？』忌乎！若是存心，斯不负宰执之职矣。大抵天下之事，有忌有难，有怨有害。难而有害者，人多辞避，然而思行者人必审察以治。缘不知向有未可之分，体有持遂之数，未不者遇而违者，是天意之大义也。以朝廷言之，则上遇而臣下者；以一家言之，父母而子弟者；以一身言之，头目而手足者。噫！人而若无者，必不善由父以完，诸其本末干分怨之甚矣。况今为政者，往往姑息苟安，一策言所由不敢言者千人，事或纷纷激，便两己之古者好之。忌乎！夫治家而使父母在其位，为国家而使由本在其怨，谁敢为忠诚乎哉！况有罪不责，有善不旌，虽三代不能为治。故刑罚不患于用，患用之而不公。昔桓公夺伯氏骈邑三百，没齿而无怨言；诸葛孔明废廖立，而立闻亮死，涕泣下，为宰执诚能公其心若是，则天下庸有不服者矣。

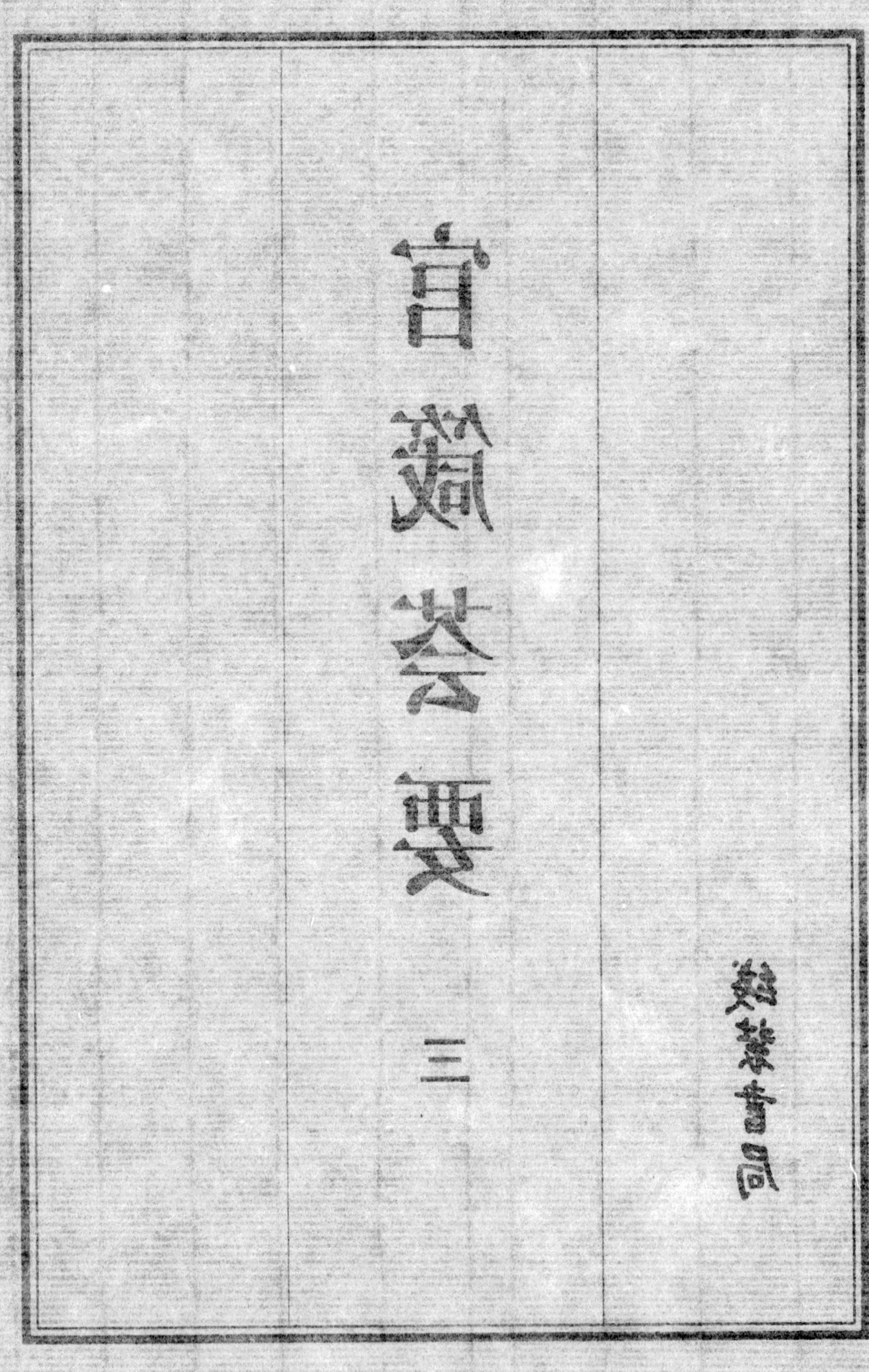

官箴荟要

三

綫裝書局

今夫富者之于家，有田而必求良农使之耕；有货而必求能商贾使之贾；有牛羊而必求善牧者使之牧。何则？盖彼善于治家，故不得不求其人也。况受天下之事，任天下之责者，乃不知求天下之才共治之，岂其智之不若彼富者哉？由其为国之心，未尝若其为家之心切故也。于是有人焉，廉而且干，虽有不共戴天之仇，公论之下，亦不得而掩焉。苟非其人，虽骨肉之亲，公论之下，亦不得而私焉。正学谓风宪非亲不保，非仇不弹。又有身为宪纲，风宪中史，藉口说升者。呜呼！今以监司百官之政，数以仪表百司之职，乃不思拔数，庸假之以行己私，人则受其欺矣，天若鬼神，其受欺乎？大抵求而后举，不若不求而举之为公；况而后荐，不若不求而举之为忠。夫己不求，须使人之求己者，非也。盖求则不必举，举则不必况矣。故古人有闻而举者，有见而举者，有举仇者，有举亲者，有集为谦者，有举其逆者，有市井之人来投者，虽其举不一，更病于公当无私而已。于戏！谁是谁非，则为相为风宪者，安有语事外之大义。

纠弹第七

夫合天下之职，无内外远近之分，凡有所职者，皆得言以闻于上。虽由在外，智居中者非人，然而言之可也；虽在内者，智者不言，然而言之亦可也。大率庸众公无私，谋得之矣。夫人之任也，有责治焉，有言责焉者不必谈，则位卑而罪微者，不争治百其文矣。故至谓道【终须遍谘，好问须详】，亦见义也。故当谨举之体，则宜先小官；当举之体，则宜先贵官。然又当审其素行，为君子，为小人。若诚小人，虽有所长，亦不必举。何则？其

平日不善治家多法。况刑其本以守令人君之心者，若不
谓，恐不宜直陈显易之人，须数十年年兼之势，固逆于一
法。善人大难得，全才尤难得。昔故萧献公在言路，
独不避权贵，京师号为铁面御史。尝欲弹劾某者，自由于
人，其言曰：『小人虽有小过，当力排之，而后无患。
子不幸而有诖误，则当为国家保全护惜，以全其德。』
疏！故公之言，可谓深识治体，真知大体之论矣。故余
表而出之，以为出治者戒。

奏对第八

中外之言，莫难于风宪，莫危于风宪。曷谓难？人
贵者不敢使，人所求者不敢求，人所私者不敢私，所
『谈威福者曰专擅，摘瑕疵者曰多治』，非难而何？曷谓危？人
为天子耳目，是非由焉，大臣辨可否，在于万人之休戚，

人之嗣，本人之宜，其则罪人于死地：一夫不察，反以
事，则杀身无所于诉，非危而何？然居其官，则思
其职，所谓危且难者，固有所不避焉。遇事敢言，置死
生于度外，庶上不负国，下不负所学。其或奏对于殿
之上，平心易气，事之缓急，理之曲直，更从容婉而
直。理虽直而辞激切，而本温。夫大率其辞，非婉
夫事上之体，而干己事，亦无所益。古之谏诤者，更
诸物发者，昭然事迹，不复可见，惟之为之：若事不厄身，是
不可执以为法。前辈谓谦谦全身者易，以容就义者，体
此而行，则庶有不失者矣。

临难第九

夫人臣而当国家言责之任，则得之事，不敢必其
有，惠在我者，以理服人而已。若乃求哀乞怜，谄

政事修整，虽阴阳之和不应，乃天道之变也，又何兼而责？苟政事废弛而不理，虽祯祥集而风雨时，顾敢以为治乎？凡为相者，诚能以是求之，则天人之理豁然矣。

任怨第六

夫为人臣避毁取名，而不敢任怨，是不忠之大者也。居庙堂之上，凡有所为，审当较之以义。义苟不失，豪家之言奚恤哉！今夫两军之交，兵已至前，而心诚报国者，谅图之而不顾；夫福要之几福安，其安危利害相语谦，先殃倾覆，若不知于万死一生之际为何若？昔范文正公患诸路监司非人，阅选籍有不可者辄勾之。或谓一笔退一人，则是一家哭矣。公曰：『一家哭，其若一路何？』呜呼！若是存心，斯不负宰相之职矣。大抵天下之事，有

易有难，有利有害。难而有害者人多辞避，易而有利者人多行纷宗察以为治。殊不知向有本所之分，体有协逸之乘，本不者臣而行者之所言，唯大义之在也。以其大义之言，而上下遂之下世：以一家言之，父母兄弟世；以一身言之，头目手足是也。呜呼！人而智不足者，必不能由父兄之定，谁其术不干分之实，近舍之为安之法，往往居息各有合，一家言而不由中不敢言于人，事或纷纷缴，使居己之右者安之。呜呼！夫治家而使父母得其安，治国而使君臣各得其位，不务，济世治平世，况有罪不责，有善不赏，虽三代不能为治。故曰思不患于用，直患用之而不公。昔桓公夺伯氏骈邑三百，没齿而无怨言；诸葛孔明废廖立，而立闻亮死，涕泣下。为宰相诚能公其心若是，则天下莫有不服者矣。

分谤第七

夫共署联事，一人努力而前，则余者皆当辅相以成其志。苟彼前我却，彼行我止，动焉而不相随，语焉而不相应，则事功之成者能几？此古人所以有推车、同舟之喻也。其或共舟以济，而一人溺焉，则凡在舟者，无论疏戚所宜并力以救之，此贤不肖之所共知也。况同为臣子，同受天下国家之寄者，可坐视一人被祸而不恤哉？使其为一己之私，自贻伊戚，固无足恤。其或知无不言，言无不尽，公家之务，一以大公至正处之，彼非为己为家而得罪，则凡同官者安得不挺身而前，与之共难也哉？大抵一人不幸而得罪，为长者若曰：『此我之罪！』为贰者亦曰：『此我之罪！』使阖堂之人皆争引为己罪，则彼获罪者虽不能释，亦必不至于重论矣。古之敢于谏争者，其遇

不见听纳，至谓：『与其杀此人，不若杀臣！』尚为如此求解，其肯坐视同官冤抑而不省哉！呜呼！使分谤引咎之事，为宰相者诚能力行于今，将见士大夫之名节愈厉，民间之薄俗可敦，而国家他日亦不患其无仗义死节之士矣。一事之行，所系如此，孰谓任怨分谤为宰相细行哉！

应变第八

事机之发，有常有变。常者中人处之而有余，变者虽上智亦有所不足。樽俎之下，卒然而报兵，遽然而闻寇，辄当详其虚实，度其逆顺。殆不可一闻其言辄仓皇上变，征发百出，未见敌而先自挠也。且事固有声虚以钓实，乘闲以掏利，传微为巨，以无形为有形；疑似之间，不可不察。若夫国有大奸，境有大敌，彼既非常，而吾则以非常之计备之。若乃泥文守经，终见动辄有碍，而事亦无所济

矣。故古人遇此，权以济才，随宜应变，如丸转于盘，而不出于盘；如水委曲赴海，而不悖于海。王商闻大水之言，君臣皆惊，而商独必其无事；桓温将移晋祚，声诛王谢，而谢安雍容谈笑以折其锋；回纥、吐蕃合兵泾阳，郭子仪单骑以往喻。盖宰相者，非常之任也。居非常之任独不能为非常之事，可乎？故前辈谓镇定大事，非至公至诚不能，或死或生，举置度外。呜呼！世常以大臣国家柱石者，其谓兹与？

献纳第九

人臣之纳言于君也，事未然而言之，则十从八九。无事则游畋般乐，日相亲比，一旦有所不可，乃左遮右挽，极其力以救之，殆未见其济者；政使或允，亦必出于勉强，而非其本心。若夫善于纳言者则不然，或因进见，或

因讲读，或自然居，先事陈说，如是则国安，如是则国危；如是则为圣君，如是则为暴主。或引古昔，或援祖宗，必使之心悟神会，表里洞然，乃可陈善而无扞格之患。昔孟子三见齐王而不言事，曰：『我先攻其邪心，大臣事君，职当如此。』古人甚至有难于自言者，往往旁召耆年宿德，置诸左右，使人君有所畏惮而不敢恣，则其为虑亦深远矣。虽然臣之于君也，入则恳恳以尽忠，出则谦谦以自悔，凡所白于上者，不可泄于外而伐诸人。善则归君，过则归己，其若是者，非欲远嫌避祸，大臣之体，所当然也。坤之六二，含章可贞，盖亦此意。尝见近代执政有所建白，呶呶焉，惟恐人之不知。卒至谗谮乘之，中途见弃。《易·大系》所谓：『君不密则失臣，臣不密则失身。』谅哉！

退休第十

博施兼善，士君子通愿也。然有志而无才则不能，有才而无位则不能，有位而不见知于上则不能，见知矣而小人间之则不能。呜呼！此士大夫所以出而用世之难也。上焉，耻其君不及尧舜；下焉，思一夫不被其泽，若己推而纳诸沟中。世俗所乐，若声色、若宫室、若珍异车服之奉，一皆无有。其所有者，自顶至踵，天下国家之忧而已。为君上者，诚能亮其如是之怀，凡所有言，优容喜纳，犹或庶几，其或疑其夺权违己，卖直售名，将见举动皆愆，而身死无所矣。所以自古忠直为国者少，阿容佞诈，惟己之为者多。此无他，盖由为己则有福而无祸，为国则有祸而无福故也。呜呼！人君能以是思之，则凡尽忠于我者，万不至于谴责矣。虽然圣人谓道合则服从，不可则去，为人臣者亦当烛几先见，退身于未辱之前。庶几君臣之间，两无所慊。尝见前代为臣不免者，大率皆由知进不知退，恋慕荣宠以致之，殆不宜独咎国家也。或谓不可则去，无乃于君臣之间太薄。窃谓君臣以义合者也。其所以合者，非华其爵也，非利其禄也，不过欲行其道而已矣。道行，则从而留；道不行，则从而去。不使久而至于厌鄙诛窜之地，乃所以厚君臣之分也。奚薄焉。

从政录

〔明〕薛瑄 撰

《从政录》辑录的九十七条语录体论述，出自薛瑄所著《读书录》、《从政名言》等书。取名《从政录》意为专门研讨从政之道，亦是作者数十年官场生涯的经验之谈。其中如『正以处心，廉以律己，忠以事君，恭以事长，信以接物，宽以待下，敬以处事，此居官之七要也。』又如『养民生，复民性，禁民非，治天下之三要』。以及『治狱有四要：公、慈、明、刚。公则不偏，慈则不刻，明则能照，刚则能断』等等，于今均有借鉴意义。

薛瑄，字德温，号敬轩，河津（今属山西）

人。明永乐十九年进士，官至礼部右侍郎兼翰林学士，入阁参预机务。著有《薛文清集》、《河汾诗集》等。

孔子曰：『不患无位，患所以立』。惟亲历者知其味。余忝清要，日夜思念，于职事万无一尽，况敢恣肆于礼法之外乎？

程子书『视民如伤』四字于座侧，余每欲责人，尝念此意而不敢忽。

凡国家礼文制度、法律条例之类，皆能熟观而深考之，则有以酬应世务而不戾乎时宜。

作官者于愚夫愚妇，皆当敬以临之，不可忽也。

学者大病在行不著，习不察，故事理不能合一。处事

即求合理，则行著习察矣。

处事最当熟思缓处。熟思则得其情，缓处则得其当。

一字不可轻与人，一言不可轻许人，一笑不可轻假人。

至诚以感人，犹有不服，况设诈以行之乎？

防小人密于自修。

事最不可轻忽，虽至微至易者，皆当以慎重处之。

丙吉深厚不伐，张安世谨慎周密，皆可为人臣之法。

论万事皆当以三纲五常为本。学者之所讲明践履，仕者之所表倡推明，皆当以三纲五常为本。舍此则学非所学，仕非所仕也。

接物太宜含弘，如行旷野，而有展布之地。不然太狭，而无以自容矣。

左右之言不可轻信，必审是实。

为政通下情为急。

爱民而民不亲者，皆爱之未至也。《书》曰：『如保赤子』。诚能以保赤子之心爱民，则民岂有不亲者哉？

正以处心，廉以律己，忠以事君，恭以事长，信以接物，宽以待下，敬以处事，此居官之七要也。

士之气节，全在上之人奖激，则气节盛。苟乐软熟之士，而恶刚正之人，则人务容身，而气节消矣。

为官者切不可厌烦恶事，坐视民之冤抑，一切不理，曰：『我务省事。』则民不得其死者多矣，可不戒哉！

作一事不可苟。

必能忍人不能忍之触忤，斯能为人不能为之事功。

与人言宜和气从容，气忿则不平，色厉则取怨。

处人之难处者，正不必厉声色与之辩是非，较长短，惟谨于自修，愈谦愈约，彼将自服。不服者则妄人也，又何校焉？

为官最宜安重。下所瞻仰，一发言不当，殊愧之。

张文忠公曰：『左右非公故勿与语。』予深体此言，吏卒辈，不严而慄然也。

待下固当谦和，谦和而无节，及纳其侮，所谓重巽吝也。惟和而庄，则人自爱而畏。

慎动当先慎其几于心，次当慎言、慎行、慎作事，皆慎动也。

闻人毁己而怒，则誉己者至矣。

法立贵乎必行。立而不行，徒为虚文，适足以启下人之玩而已。故论事当永终知弊。

为人不能尽人道，为官不能尽官道，是吾所忧也。

使民如承大祭，然则为政临民，岂可视民为愚且贱，而加慢易之心哉？

处事了，不形之于言尤妙。

尝见人寻常事处置得宜者，数数为人言之，陋亦甚矣。古人功满天地，德冠人群，视之若无者，分定故也。

如治小人宽平，自在从容以处之，事已则绝口不言，则小人无所闻以发其怒矣。

胆欲大，见义勇为；心欲小，文理密察；智欲圆，应物无滞；行欲方，截然有执。

事事不放过，而皆欲合理，则积久而业广矣。

养民生，复民性，禁民非，治天下之三要。

治狱有四要：公、慈、明、刚。公则不偏，慈则不刻，明则能照，刚则能断。

大丈夫以正大立心，以光明行事，终不为邪暗小人所惑而易其所守。

疾恶之心固不可无，然当宽心缓思，可去与否，审度时宜而处之，斯无悔。切不可闻恶遽怒，先自焚挠，纵使即能去恶，己亦病矣。况伤于急暴，而有过中失宜之弊乎！经曰：『忽忿疾于顽。』孔子曰：『肤受之诉而不行。』皆当深味。

轻与必滥取，易信必易疑。

韩魏公、范文正公诸公，皆一片忠诚为国之心，故其事业显著，而名望孚动于天下。后世之人，以私意小智自持其身，而欲事业名誉比拟前贤，难矣哉！

成王问史佚曰：『何德而民亲其上？』史佚曰：『使之以时，而敬顺之，忠而爱之，布令信而不食言，如临深渊，如履薄冰。』此名言也！

以己之廉，病人之贪，取怨之道也。

作事只是求心安而已，然理明则知其可安者安之，理未明则以不当安者为安矣。

圣人为治，纯用德，而刑以辅之，后人则纯用法术而已。

以其能治不能，以其贤治不贤，设官之本意不过如此。有官威剥民以自奉者，果何心哉？

去弊当治其本。本未治而徒去其末，虽众人之所暂快，亦贤知之所深虑。

人皆妄意于名位之显荣，而固有之善，则无一念之及，其不知类也甚矣。

机事不密则害成，《易》之大戒也！

为善勿怠，去恶勿疑。

恭而不近于谀，和而不至于流，事上处众之道。

世之廉者有三：有见理明而不妄取者，有尚名节而不苟取者，有畏法律保禄位而不敢取者。见理明而不妄取，无所为而然，上也；尚名节而不苟取，狷介之士，其次也；畏法律保禄位而不敢取，则勉强而然，斯又为次也。

一毫省察之不至，即处事失宜，而悔吝随之，不可不慎。

处事当沈重详细坚正，不可轻浮忽略，故《易》多言『利艰贞。』盖艰贞则不敢轻忽，而必以其正，所以吉也。

天下大虑，惟下情不通为可虑。昔人所谓下有危亡之势而上不知是也。

不欺君，不卖法，不害民，此作官持己之三要也。

人遇拂乱之事，愈当动心忍性，增益其所不能。所行有窒碍处，必思有以通之，则智益明。

下民之冤抑不伸者，由长人者之非其人也。

不虐无告，不废困穷，圣人之仁也。

一命之士，苟存心于爱物，必有所济。盖天下事莫非分所当为，凡事苟可用力者，无不尽心其间，则民之受惠者多矣。

勿以小事而忽之，大小必求合义。

临属官，公事外不可泛及他事。

无轻民事惟难，无安厥位惟危，岂惟为人君当然哉？凡为人臣者，亦当守此，以为爱民保己之法也。

王伯之分，正在不谋利不计功与谋利计功之分。

处事识为先，断次之。

作官常知不能尽其职，则过人远矣。

孔子曰：『死生有命，富贵在天。』是皆一定之理。君子知之，故行义以俟命；小人不知，故行险以侥幸。

法者辅治之具，当以教化为先。

止末作，禁游民，所以敦财利之源；省妄费，去冗食，所以裕财利之用。

《春秋》最重民力，凡有兴作，小大必书，圣人仁民之意深矣。

凡事分所当为，不可有一毫矜伐之意。

伊傅周召王佐，事业大矣，自其心观之，则若浮云之漠然，无所动其心。

清心省事，为官切要，且有无限之乐。

犯而不校最省事。

人好静而扰之不已，恐非为政之道。

名节至大，不可妄交非类，以坏名节。

守官最宜简外事，少接人，谨言语。

与人居官者言，当使有益于其身，有益及于人。

天之道，公而已。圣人法天为治，一出于天道之公，此王道之所以为大也。

霍光小心谨慎，沉静详审，可以为人臣之法。

亦有小廉曲谨，而不能有为，于事终无益。

凡事皆当推功让能于人，不可有一毫自得自能之意。

大臣行事，当远虑后来之患，虽小事不可启其端。

虽细事亦当以难，处之不可忽，况大事乎？

所谓王道者，真实爱民如子，孟子所谓『老吾老，以及人之老，幼吾幼，以及人之幼。』上以是施之，则民爱之如父母者，有必然矣。

民不习教化，但知有刑政，风俗难乎其淳矣。

惠虽不能周于人，而心当常存于厚。

孔子曰：『斯民也，三代直道而行也。』是则三代之治，后世必可复。

唐郭子仪竭忠诚以事君，故君心无所疑。以厚德不露圭角处小人，故谗邪莫能害。

处大事贵乎明而能断。不明固无以知事之当断，然明而不断，亦不免于后艰矣。

圣贤成大事业者，从战战兢兢之小心来。

好善优于天下，若自用己能，恶闻人善，何以成事功？

圣人子民之心，无时而忘。

于人之微贱，皆当以诚敬待之，不可忽慢。

为治舍王道，即是霸道之卑陋圣贤，宁终身不遇孔孟，不自贬以徇时者，为是故也。

《书》言：『罚弗及嗣，赏延于世。』此圣人之仁心也。故赏当过于厚，而刑不过于滥。

出处去就，士君子之大节，不可不谨。《礼》曰：『进以礼，退以义。』孔子曰：『有命。』孟子不见诸侯，尤详于进退之道。故出处去就之节，不可不谨。

谨之道。政[illegible]者，不可不谨。

[illegible]之，谨之矣。[illegible]曰：“有命。”[illegible]

[illegible]，不可不谨。《书》曰：“[illegible]”

[illegible]

[illegible]之。

好善优于天下，若自用己能，将阙人善，何以成事？

[illegible]之心来。

[illegible]

[illegible]

[illegible]

治，而后可宽。

孔子曰：“斯民也，三代直道而行也。”

惠虽不能周于人，而心常存于厚。

民不以教化，[illegible]，风俗难乎其淳矣。

[illegible]

[illegible]况大事乎？

政问录

〔明〕唐枢　撰

《政问录》是唐枢回答门人有关政事诸问题的记录。内容广泛而详细，既有为官的道德，又有处理赋税、盐政、军事、马政、学校、科举等事务的具体方法。其门生丁应诏在《序》中评价说：『凡夫帝王经纶之略、王霸之辨，以至昭代典章制度之详，莫不扬摧订证，而其因革损益之宜，被偏救弊之术，又一一精思博采，得其条贯，举而措之，以曲成万物，而范围天地，若权衡之于轻重规矩之于方圆也。』

唐枢（一四九七至一五七四），归安（今浙江湖州）人。明嘉靖五年进士，授刑部主事。有《木台钟全集》传世。

问：人臣从政，秉忠勤者，意本也。若陈力就列，事亦有体，以为执乎？

答曰：为治要识当代治体，历代治体各有所尚，不审而宜之不能达。秦尚申、韩，汉尚黄、老，唐尚管、晏，宋尚佛，本朝尚朱文公学。

又问：尚文公何如？

曰：由中以应外，制外以养中，乃文公之学，故爱民体国其精髓也，据典循故其形骸也。六部覆题必援顶前例，无则具请旨夺，不敢擅为肇始，以文议情见，求明于古人，非所以遵王制也。

又问：有学圣之心而生秦世，则为秦尚乎？

曰：卫鞅持帝王之道不售，辄自贬从秦，此知尚而不重己，甘龙、杜挚则有己而不知尚。士不幸生其时，苟无转移世道之力，直须乐天独善，岂可昧于从事。

又问：有己与独善同异。

曰：有己还落己见，独善从性天自然，知尚、知己、知出、知处。

问：学古入官，经术所以经世，务先王之法，信不可遗耶？

答曰：学古入官者，师先王之意以立治本，若议事以制，则从今之法。今之法以时出之者也。

又问：事不师古，则所学何取于学？

曰：学以开发其聪明，坚凝其意趣，端约其行谊。持以事君，而为上为德；持以体国，而为下为民。先王之

道，与民宜之，通其变，使民不倦，故法之所成，先王之粗迹，一时御世之用，不可垂之于久远。今日所守，只当有今代之法，故述而不作，所以守为下之分，信而好古，明其意以行道，孔子祖述宪章以此。

问：三代而下，仕之途必有所成习，虽一代之间，其历君、历年所习各异。美恶盛衰之迹，端邪好憎之情，众人之所同趋。吾以一人入之力挽，而势不由于己，诡随而道不得于心，则奈何？

答曰：治朝众所尚尚之，末俗众所尚避之。

又问：《春秋》从同，同奈何俯就？

曰：从同，同孔子之恕人也，避之者，君子之自立也。

又问：自立严，不几于废仕哉？

曰：所以君子难进。

问：为政首务。

答曰：立信是首务。孔子曰，民信之矣。信是民，立则是我。漆雕开谓，吾斯未能信，斯指民言。所以使之信，是我立故。立信须立望，使上下疑已我无，自立之素也。

问：牧道。

答曰：天之立君以为民，君之分治以属臣，故惟牧为切。喻为之牧，则必求牧与刍，求牧与刍而不得，必平其梗而裹其成，然又必会其通，令不失其所为之意。盖曰求，则在我曲为之处，曰平，则梗去而求印已；曰裹，则调而辅之；必会其通，则无所不宜也。有不宜，失其原牧之本心矣。秦皇、汉武欲建万世之业，却将当下百姓穷其财力，深有病于会通之间。大都古今得天下者，俱从救民苦疾上起家，虽盗贼雄踞之徒，未尝不由此小悟而借用

之，凡天人所助以此。

问：有天德便可语王道，其要只在慎独如何？

答曰：王道有其名是虚，位无预定之迹，只在天德上辨王、不王，故下一便字天。在独处见慎，则德矣。

又问：独之景象则何如？

曰：扰扰情欲类徇外，为人不有独；草草胡乱应酬，乃昏昧不见独；矫诈文饰，则假借不是独；影响意兴，则助长不定独；只了洁自家，则枯立不全独。独对天地民物而言，从一元至仁上发来，统贯无遗，才能与万物同体，都收拾在这里，独斯至矣。此非慎不足以得之。

问：立法何以尽善无弊。

答曰：凡欲立一法，须广照、远图、密察。照不广宜此不宜彼，图不远利今不利后，察不密得迹不得情。世无

不弊之法，只以广远密，分数为善否多少。古人举动不草草勾当，却算尽这，不徒作空意见直，惟资故实，融会事情。

问：后世治不如古，其紧要分歧在何处？

答曰：古今王霸惟一，诚伪所判。以大造生生，同一善根，同一聪慧，岂古今人不相及？只后世踈于反己，故责人深，图治急，却谓仁义道德不足以尽政。理直须济以权谋术数，所以用诈用计，及上下相应辗转欺绐，衍化成俗。间有知者出，亦不为世众所容，以能自立。然其所以为自立者，又不积诚图感，责修挺挺，如何得如古人！

又问：诚伪之实。

曰：诚是爱人真心。伪者未尝无仁义道德之迹，但详于法令，假借以遂其私。《传》谓与居官言，言忠信，乃三

代而下良剂。

问：为政上下相感，何道致之？

答曰：满宇宙同此气，生物以息相吹，一呼吸便满宇宙贯彻，只因人私已胜，遂令皮囊间隔。惟其机甚幽、甚微，人不易识。

问：历代废兴之由。

答曰：自古创业之君，身任革道，必明于救敝之实。每朝末造，所以衰微，其初立国处已胚胎病根，中叶贤哲识其势，而急反之，才国祚复衍。三代封建，贵贱梯秩，故递相为逼，万取千，千取百。秦起，知其故，罢侯置守臣，抑而民强，耳余胜广及汉兴。汉兴，知其故，两致钤握，然天子岂无亲信，故宦官、外戚终其世种一祸根。自是东西晋、南北朝以及杨隋，穷变道昧，制宪棼杂。唐起，知其故，

一意法纪，却降本流末，外骄内乱，隐患术中。盖法以人存，易人则反毒，势然也。其弊延五代不已。宋起，知其故，首正君臣之分，重内轻外，由是外弱而夷狄起矣。元治一统，施为亦甚宜，但无公天下之仁，非所以补宋德、广道化，宜其运之不永也。

问：守令近民，必求所欲与聚，何作为而可？

答曰：守令责甚重，原是以一方民命付之掌握。今绝好是勤劳簿书，洁己应务，乃周旋自家名位，总不属于民瘼，又十羊九牧，趣见异同，良意乖阁。前辈一被命，即从到任须知做起手，逐一体行。又考合律例，此职思其居，又复职思其外。除目下酬榦批发，暇则预思地方天灾人变，设有眚荒寇横将何料理？动支何钱粮？调发何人马？遣差何才役？又思末俗既成，何道可能转动还淳；民业日窘，何道可能渐次充给。精神流行，休戚一体，是曰父母。

问：《周礼》五家为比，五比为闾，即秦法令，民为什伍，何爱怨不同效？王安石保甲法，即比闾之政，何大不便于时？管仲以内政寄兵，似亦与秦事同，齐民何以愿从？

答曰：法以意行，民须惠取。周比相保，闾相受，族相葬，党相救，州相宾，是欲助洽仁泽。秦司连坐告奸，是率尚以为暴，其造端命始已判然不蒙。宋保甲本是联民善术，岁省百六七十万之费，而行之者恳诚不至，致惹公私劳扰。其内政稽摄之密，严惠两存，故上下能喻，亦成伯绩。凡长帅之道，当与人共休戚，协精神，相对勾当。

问：后世井田不可行，可立均田法否？

答曰：法以时宜，时以意运，圣王驭世，只欲以意周民之身，与之利之。三代而上，天下非天子所有，土田非百姓所有，这乃是一副局段。后世上有定尊，便下有定业。汉、晋、魏、周之间，亦尝司均给籍，唐太宗锐意于口分、世业，然成效难立，沮衅易生。周世宗均田，只是均税。三代良法坏于商鞅，租庸调坏于杨炎，两人者遭时戾古。不修意而修法，自以为通变宜民。且王莽、李安世、宇文融所处亦未周，当许民卖买，其还受只在露田。乡分宽狭，授列多寡，不重出乡之徙，不立补助之省，徒效法粗，而运民之意，衰矣。

又问：限田法何如？

曰：緫只此意。

又问：垦田、度田、方田令，何至今可以严举？

曰：这检查隐税，是干办上事，非所以运于下者。

问：四方多故，练兵急务，而民贫乏费奈何？

答曰：只古州兵为最善，有臂指唇齿之安，无列屯坐食之虑。国初垛集法，以卫名翼，正得此意。正统弘治间，设民壮亦相似。近来却尚招募，盖因民壮失原设本意，两广打手起。正德末年，始以为胜举，而今复成故事。嘉靖壬子后，南方有事，率仿此以行，然每无大便益，要之须有治人。且古人练兵之始，即思何术可以销之，才有老相，否则一不用，便生乱。其征调甚非长策，多遗地方之害。

又问：天下原立卫所可复整顿否？

曰：腹裹及备倭已委无益之费，只九边差存。太祖

天下既定，兵令七分屯田。太宗靖难后，大半着漕运，虽智者透见销法，自后不得销中之练，所以天下兵势渐索。上武人攻书艺，下者堕纨裤，况差遣日繁，廪供日克，帅长日靡。又老家不处，剩员不核，上下不相贯，业无专肄，而教失素修，民运为养具者如故，颓厦施支一木，不可得也。乃复重兵宪事，招募增出一番兵费，又无善演，两下虚耗。

问：汉唐而下，国家有事，四方或出遣宿卫，曰不可；或募长征健儿，曰不可；或发久戍之役，曰不可；或重支郡兵素养，曰不可；或招及奔命、调及恶少、发及刑徒、选及三百石吏，曰不可。以名地长技时，一征行，费约而功倍，何不可之有？

答曰：狼苗悍桀，永酋搜探，金商络石，齐淄流星

锤，猡狪镖，赖家旗，桑植、大喇毒弩，真保力。诏安阳山，计犵狫、毛胡卢都掌羿苗猥猺，各有擅能，只拘方之相缘俗之谋，不办通智。又三官缺凝，六欲时炽，不免肆螯戕物。况沿途娄眼，所禁实难。以不教民战，非君子之心也。

问：三代前以农寄兵，以郡国委积充兵，既后世可追其盛乎？且有议练州兵立年例者，是即此义否乎？

答曰：要复古从劈头做起，谁则能之！只州兵年例，亦不得已调停法。州兵即隋唐府兵，又即乡兵。以其领之州云州，盖不养于官也。然从户征拨，无邱甸科条，故并有年例之征。近浙中立年例四十七万两，其州兵终不肯行。壬子起事，库积罄支，癸丑用三十四万，甲寅五十余万，乙卯七十五万余，丙辰则几二百万矣。至乙卯，已括搜不漏，乃思提编本省三十六七万，不足。则提编各

省，得四十万余。至丙辰，乃请京库米麦马草，折银一十八万余，南京仓一十六万余，徐州仓米、秋盐、颜料六万余。然四十七万外，巧名旁索，与正额复相当，但榜檠羁维，岂特小补。所念州兵一良务，间俗偷安，杞忧耿耿。

问：本朝兵制，以亲军二十一卫禁官，以五府四十二卫卫京城，又以锦衣一卫假任权，以制亲军，而亲军以众势制锦衣。合亲军、锦衣，与五府兵又适相当，盖彼此羁维之局。自《周官》卫尉、中尉所主，汉南北军、唐南北衙、宋殿前侍卫司皆无异，而锦衣之任独与唐元从禁军合。其外，郡邑之兵，各随地省要，以为繁简疏密，亦内外援应之局。山东、河南、万全、大宁轮操，不三辅而意存，管营别设司马，不枢密而钤揽，有事由本兵请符定帅，不开折冲府而势张。平时籍归五府，廪经本卫练剳营场队，无

离土，法甚得矣。但无名虚耗，而有演弗精奈何？

答曰：射冒一节能无寒心？直须女娲力可补弊源。

问：杨炎两税法，能革唐历朝来积弊，然不免人议，而陆宣公亦甚不韪之，如何？

答曰：唐到德宗朝法已大坏，炎之所处，不可谓无因。但只知革弊，故修法不修意。又其法之行，所关系国脉者，乃在『量出为入』一言。几百役之费，先度其数而赋于人，其病根有不可胜言者。什一天下之中正，多则桀，寡则貊，天地间造化之妙，消息理微，流行感应适相当，有这许来路，便有这许去头。所以古圣王有『量入为出』之制，却准准不甚相远。若以所欲用费，作倚傍，奢俭、丰约无所执以为裁，乌乎，可其前代三十、二十、十五税一，后亦每有弊衅，盖其不停阁应于勾当，即籍后裔骄惰，一

有正敛，民便不堪，故什一是制用准的。

问：堂堂万乘什一之征，何以足用？孔子盍彻？何以谓之彻也？

答曰：能通之谓彻。通之者，均之也。民有其十，君用其一，乃造化实理，流行不滞之妙。君民情相协是均，事相安是均，报相宜是均；贵与贱均，文与武均，名与实均，事与既均，施与答均。有倚重非均，有专奉非均，有姑息非均，有作无益。伤苦节，吝出纳皆非均。故为政首务，直须核实。今食者，京营卫官军十八万八千，能御战几何？内团营六万余，即唱名未三之一，外卫班操三万八千余，能援敌几何？将军勇力校尉二万六千五百，以充宫卫，羡否？匠作七千六百，以布工指，羡否？厨役五千六百，以供庖力，羡否？乐舞生一千三百五十，以协音

班，羡否？教坊四百七十、净身男孤老九百八十，商其给养，羡否？凡此，岁支米三百余万石、布五十六万余疋、绵花二十八万余斤。于此参较裁量，然后取与相当，用无不足。

问：爱人心易举，而用难节，故取民无制奈何？

答曰：什一为征，正是为仁政，若在所用上理会，便于人有滞碍。山泽之利权不可下移，盐铁本应收揽，而管仲取于无形，这一念差了。桑弘羊、刘晏为国阴笼潜制，却不在君民两下概观，然二人事几老练，能照顾种种不漏。安石法古慕义，却疏腐，多偾事。到蔡京、薛向、吴居厚，复润安石之珠，又落一层。若唐率贷法并僦匮纳质、间架、除陌钱，宋月桩、板帐、经缌制钱，俱是拦路白抢，故叶适谓王安石之法，桑、刘所不道；蔡京之法，安石所不

道，经制等钱，虽吴、蔡所不道。及其急迫皇骇，名公如赵鼎、张浚皆安焉遗后，而秦桧权伎劫胁一世。此名言也。切以为管仲牟筴尚在清截上运料，只还有民在心，于桑、刘又管仲所不道。若比较，冉有陪粟，另复一样机轴。汉武一得马息，遂除告缗，文帝入募粟塞下，遂减田租，这心术路数，亦不在管仲下。所以『节用爱人』四字一串用。

问：藩府供例不充奈何？

答曰：嘉靖末年，郡王二百四十余位，将军、中尉一万二千余位，郡县主君一万六千六百余位，岁支禄米八百六十余万石。如山西存留米止一百五十二万，而禄米三百一十二万；河南存留止八十四万余，而禄米一百九十二万，何以克济！太祖初藩封，禄米五万，不久改为一万。郡王初封二千，袭封一千。成化十一年例，初袭封

俱一千。嘉靖四十三年例，悉照成化间例，其三七本折兼支。将军三七，中尉四六，郡县主君二八本折，庶人同妻月给六石，中半庶女不给，凡房屋、冠服、坟价俱革免。此亦太省，但以大道为公，须各令自申，贤为世用，次亦食力，更可复省国费。中间差令有别，以尽亲亲之仁，又不失成全之德，屡见有建白者，宋事亦可考。

问：小臣常禄不给用，则如何？

答曰：国家制禄，今之居官多费，如何足得？若能立得脚跟，定量入为出，何不足之有！近见贤哲亦巧作处置，顾公佐卖放皂隶，宣宗以问杨公士奇，对以常禄不足，臣亦有此事。刚正如顾，仁明如杨，皆以为可行。以可为见者也，故不惮私改公法。苟知真有可改，持法之顾可以请改，得君之杨可以议成，如马公文升奏征马夫银可

也，否则率身自约而已。大都后世贤哲类自用自专。国初礼仪定式，书行于朝廷之上者，至今不废。其官员行于私室者，成化后以渐改动；行于公堂者，亦废迁于嘉靖间。洪武礼制书进贺、出使、祭祀、阶勳、禄俸不擅易。若行移服色等，每至更变，稽古定制书，限制品官，各有秩守。中间夺意夺形，日销日饰，盖始端倪毫忽，涓涓江河不可不慎也。罗先生伦曾以东里之说欠精，不为无见。

问：漕事日弊，军民竞奸，公私罹宪。正额挂筹无算，而本色滥恶，议者欲改法，若何而可？

答曰：天时人事交相感，病源不在无董者，亦不专在军，专在民。今虽有汉番系桑弘羊，唐刘晏、韩滉，宋范旻，政权事体，便难辏手。法有合因，弊生积势。永乐十三年罢海运，行四仓转运法。宣德间，周文襄议变兑运。成

化七年，滕都宪议变长运。成化十年，又议有改兑。长运即宋直达法。转运、兑运、改兑，即宋转般法。宋善转般病直达，以今例，则反之，然使今行转般，尤不可，况额斛代发之盛，安望如宋？今之兑，耗加四，又三六折银，芦席米、行粮、安家粮，赏劳银处已厚矣。而奸者益逞，凡兑必争，争必伤命。以命博米，盖有相依以为命者。必追见病源，体其所难，为事可不更而善。

问：出礼入刑，《大明律》可合天理之节文否？

答曰：本朝两本，古文一、状元策一。《大明律》，这是尧、舜、禹、汤、文、武相传心法，所以当天理惬人情者，近日却被仕途渐渐坏了。庚戌年，两者又一齐变动。

又问：书是粗迹，何系重轻？

曰：语从意易。

又问：《大明令》曰令，示人趋礼之路，治定功成乃作律，详于出礼之禁，岁代既久，复有诸例条，以补律之不备，此须题请旨夺。近日却擅开参照之门，公然不与律合。前辈有碍手处，宁稽阁作老未完，安肯含糊律意。

问：煮海，管仲霸业，何以后世相沿不已？

答曰：取于无形，便是管仲私举。今日盐策不归于官，豪强得竞利，民乱必起，如何住得？如沂州等诸矿场，官府不作理会，争夺必烦。汉中茶园勾当，因其私贩而止之。若民间晏然乐业，生出事端，非荡荡平平之政。杨邃庵事几熟，令招商自买，一时民悦，利反倍集。宋熙丰榷蜀茶，置卖盐之场，罢通商法，即非不得已，细玩之自得。贾似道置六郡公田三百五十余万，全失大体。凡处利局多迷，不与民大道为公，所以上下相给，交征夹构。

能此处透灵，即是王心王政。

问：国用不足，正德来已然，但嘉靖壬子后，民业萧飒何如？

答曰：天下岁征粮三千六百三十余万石，漕费、白粮、南粮、禄俸、饷边等，各有头项，内京运三百七十万，正德间京师月支三十四万，每侵用太仓原积。嘉靖纪元，诏革月止支十八万。二十年后，月支二十五万四千余。京通仓弘治前十年之积，嘉靖十年前尚有六年余积，二十年后不敷四年之数。岁入银，粮折八十余万两，及户口、商税、盐课、船料、草折、闸办等，共二百四十三万余，而官军折俸、诸边年例、内府成造、声息奏讨、赏赐节诞亲宗，各费约二百余万。嘉靖八年前，内库积四百余万，外库积一百余万，二十年后，止存内库一百一十余万、外库三十余万。二十九年，深入，通州请备兵银八十万，蓟州请修边三十七万，大同请增防秋四十余万，宣府请增防秋四十余万。京师咸宁经略费出多名，昌平、怀柔、顺义、白羊口、潮河川、紫荆关，各加厚治，增定赏格。自是岁增各边募兵银五十九万三千，摆边设伏客兵银一百一十余万，又加盐银二十四万六千，京营加免放马料一十八万，内府加铺料数千，共岁支太仓三百四十七万，扣岁入，尚欠一百四十余万，却以开纳括取济用，添设天下巡抚数员、兵备数员，员下所用无算。河南、山东创练各六千，山西、陕西倍戍，而南倭适猛，东南缮城百万计，远调募勇百万计，哨海百万计，其被摽万万不能计也。时出奇告能，提编巧取，括榷无漏，军门挥金，技夫竞刺，加以元寮婪纵，宫奄风求，宦林自立之难。又广有张连，福有胡平，江有

三巢，川有王章，大同有邱富，河南有师尚照，贵州有扬河，民告困矣。祖宗功德深厚，穷变合通，须制奢裁冗，元气可复。

又问：事既久定，可裁而制乎？

曰：以鄙戆妄测，今日之费，可十去五六。

问：两京之制古乎？

答曰：古无是也。自三代来皆有两都会，只存得虚名，以为应备。盖不张官置吏及养兵，以峙立重繁多费。太祖都金陵，以汴梁持一虚名为北京。太宗初营北平，连年多事，规制未暇悉定，随往衙门加『行在』二字。观二字未除，可以知其缺典也。贲志以崩，而臣下复无见者，遂因循以成故事。

问：水利小故，何古今利害不齐？禹之行水，人所

共知，何贤哲之不能悟？

答曰：禹原从此心荡荡平平做去，后世却将一意见，便直前，不肯深作商量。陆海钳卢，陂龙首渠，都是一事中得太虚之体。魏起郑、白，皆详审观会，致收大利。翟子威、杜元凯乃以决堤塘为利。元凯于学成癖，及当事几，却精酌。其论水利，谓人心所见不同，利害之情且异，此理之未尽，而事多未妥，这是他作用要诀。江东永丰圩、明越湖田将废地成良畴，然卒遗民害。不惟秦桧、蔡京昏溺，虽韩世忠亦不之察。又王安石信人说，欲决泝废塘泝以济耕，而国家设险通食并弗之顾，及欲涸梁山泊成田，皆草率喜事，一闻刘贡父善喻，便能动心。要之，处事无大小，必从学问上研磨乃得。

问：屯田独盛于古云何？

答曰：兵法明，可以言屯。赵充国、马援、王霸、羊祜所以成功。曹操知兵，遂有枣祗，任峻收许下之绩。唐行府兵，法不屯而屯。宋便牵强，襄州、唐州有行不就，陈恕、何承矩何等畏难。盖农怯于为兵，兵耻于为农。释戟趋耕，驱农转战，必先得一关捩，这是兵家紧要处，祇可以心会。大段兵之至，只一个诸无漏，三官不乱，五教响应，专为恁么子，路路皆通，故曰关捩。且屯田又是销兵妙窟，乌可少得！留都江比之屯，岁获十三四万，然其人已全是农夫。甘凉四郡之屯，其人亦弃，非战雄矣。国初制，屯租亩取一斗，导耕之意甚勤，但于兵事不相贯，只好充营田之务。

又问：营田云何？

曰：营田是给养开荒，一直络民事。

问：空文取士得人为难，专重荐举，私于阿徇奈何？

答曰：三代而下，校士脱不得试言一路，其原立科场式例，亦尽能观考，但恐无具眼。本朝特重制科。莫若三途鼎用，以荐举易岁贡，士行谊素著，充荐额。有不称败，官严罪举主，庶免阿徇。然非养于未用之先，纵得士，亦士之自立，不足以系风俗。

问：督学校士以文，何以使士必敦行？

答曰：士之肯自重，其机全在有司提调。宣德间，才有督学之设，盖恐提调徇私，故按察设官，以稽核之。今若所校专在文，安得使士重于行谊？必欲舍文，则科目所取何物？况校行甚难，以行为赏罚，则必有伪以应之。将寄耳目于人，则必有徇以私之。以一人周一省之见闻，

焉能易于得实，且正文体是时论，纵正得来也无用。又兼访察是时论，纵兼行，得非大体，或惹生事端。又抑奔竞是时论，抑固可以革面，徒鼓奸桀之气，心未能易也。要之，三者未尽移风之道。只须慎选主督，久其年任，使得端己平气，着实自修自克。恳行于三者之中，必转动其精神，稍得几人实相法效，方能渐次流广。今日大病痛，惟在私意横驰，能我无私焉，人心之灵、造化之妙，必有感而通之者。

问：私盐盛贩，奚法以禁之？

答曰：禁私贩，只本朝之法甚平正。前代法太重，却在事上钤轧求胜，不广照大体。汉私鬻钛左趾，唐鬻一石以上死，州县团保相察私盐，月再犯易县令，罚刺史俸。宋因五代，贸易至十斤、煮者至三斤即坐死。本朝律例却

的当情罪，私贩止杖一百、徒三年。盖市利本齐民细愆，可以矜宥。又止理见获人盐，不许辗转攀指，所不穷追，谓其惧而脱也。肩挑背负勿论，谓其力止一身也。而挟势逞凶，因而恣侈，则重其罚。以弥之故拒捕，罪斩。张旗、设仗，杀伤人，枭首，重拒敌也。运盐带军器，同私盐法。监临权势买引，同私盐法。若权势私贩边卫，充军。巡捕官兴贩，充军，重假势也。越境二千斤上，充军，重越境也。凡此，制辟不在盐，乃出盐之外，因事以抑其渐，此律例意也。且灵州产味美于河东，江北味美于江南。筠吉路便于广产，南汝路便于河东。浙东、山商、川中资食永康军，并、青、白、盐、河、阶、狄道、鱼河可充邻境之用，这须因人情有处，岂可强为禁御！

问：盐同都转运秩重，旧与藩臬抗衡，后乃隶二司，

以利牟之所辖，且因权势挠刺，复差风宪足矣，其出侍郎、遣都御史，不已复哉？

答曰：设官无谓类此，此正统后例也。理盐有大政，后世绝好举动，如孔仅牢盆，张林官鬻，姜师度置屯，第五琦重亭户，刘晏额外钱，皇甫镈加估，王随行商，蔡京请钞，及输刍粟塞下，入帛、入钱粟京师。交引法对贴蚕盐，对带法常股存积低昂，仓钞、铜板兑支改配掣挈，法闽、广榷法。元中统渐增价，法可谓极算，然只好谓之末政，何也？为国聚敛之臣耳。中间有曲尽通商之处多区，惠灶之方，为之祛其梗，节其费，省其繁，体其瘼，赈其乏，时其期，清其侵，可谓能逮下，然只好谓之中政，何也？通之以，为国输，惠之以为国营，非专以宜民也。王者之心，虞衡山泽之利而掌之官，所以弭民之争。市者贾道，

不得不招商，商愿出于其途，以其利之也。国可阴笼而悉以算乎！灶者民业，不得不任人。民愿业于其野，食其力也。以例农，则止应什一之征也。此之谓大政。王者藏富于民，国家十分得其一，又庇其损害，民安得不富。卫觊监卖即能复流民，隋与百姓共山泽，一事中得古意，若干办从这心来，才于利场上不迷其本。

问：洪武间《教民榜文》一书，迄今可行否？

答曰：此乃洪武二十一年颁行，高皇帝武功既成，文治熟谙。到此时，真见得安养元气一大孔窍，却该在这里运用，惟是舍这里，所以有纷纷多事。圣谟温盎，情意敦恳，古雍熙太和之盛，只是这些子处，盖里正有长人之责，乡亭有三老之尊。今却充勾摄承弓帖而已，此处不转得一转，非洙泗讲究。

问：华夷胜负，信在边威盛衰。俺答、辛爱、阿卜孩、黄台吉、打来孙、把都儿，土蛮虎喇哈赤台能甚炽，又考撒、脱儿小一千、兀慎、摆腰、王打赖等部小种尚悍，必深图震遏，可令远慑？

答曰：此言以力胜，众人所知。但造化感通之机，幽微报施之故，尚当包括度内。近题奏举动，每惟相怼，王者无不爱，禽兽草木一气，独于夷狄哉！汉武穷搜，张汤、傅介子、冯奉世任一使，致夷王之首。班超三十六人开西域，窦宪数十骑空朔庭。已而诸羌交乱中州，晋胡拓拔据中原三百年。金灭辽，元灭金，皆宋之为计，未几而为所乘，人心之天，仁则和，和则顺，否必反之，故保四海，乃至德，力胜是第二义。本朝扫除腥膻之论，宋潜溪作起兵檄，意登极诏太祖所自为，只说元德衰运终，此太祖万

不得不稍商，商愿出于其途，以其利入之也。国可[illegible]

[illegible]，不能不作人。既愿业于其里，食其力也。[illegible]。王者藏富于民，国家十分得其一，又[illegible]，民安能不富。可谓[illegible]，一事中能古意，若干[illegible]今从这心来，不干利禄上不求其本。

问：洪武间《教民榜文》一书，现今可行否？

答曰：洪武二十一年颁行，高皇帝[illegible]文治熙洽。[illegible]，一大乐事，[illegible]里[illegible]，所以有[illegible]之事。[illegible]大诰之书，[illegible]三十条，盖里有老人之责，[illegible]。今[illegible]施行与否，则我不能说一律，非深加研究。

问：[illegible]黄合吉、[illegible]又若[illegible]可令流派？

答曰：[illegible]

[illegible]宋灭，蒙古族的大帝所自出，只说元朝[illegible]太祖[illegible]

物一体之见。

问：靖难死节诸臣可谓纯臣乎？

答曰：忠烈不挠，兀乎砥柱，能超与世沉浮之俗，但可重非其所至，可敬非其所法，前辈有谓杀身之义，不能赎亡国之罪。人臣贵尽于常职，事当力诤。法在预图，其不用，则有去而已。坐以待债，想亦模糊縻禄，未尽业修，虽不可律以徒人费石之纷。如若自全其性之谓纯，则有说矣。其间诸公不磨耿耿，能普照沥虔者不少，又不可概论。

问：马政善于唐而弊于宋，论者以官养为便。今之养归官，而牧事未昌何欤？

答曰：唐有王毛仲、张万岁，故官得其养。宋之保马法，使王安石以官行之，亦未必无弊，有治人，信然尔。今

求牧与刍，权要奸顽多有侵格，当官举职竟綠懦彪，每偏纵刻，故役丁地亩桩朋私用，科驹渐出弊欺，又调喂不恩，公伤妄报，给用不视为己物。定驹、显驹、重驹，不时其验考，则又不若自用自养能为自爱。

问：律设大法，礼顺人情，是贬律以从贷乎？

答曰：非也。顺人情乃体贴律意，律列诸条，任其人择而配之，故惟明克允，可以明罚敕法。盖圣人之用刑，乃好生之德所运。明者昭其生生之术，允者笃其生生之恩，所以皋陶意颛弼教，后世岂惟无是心，并亦无是术。《易》大象六卦说刑其五，就明威上述意义。其《中孚》议狱缓死，非尚姑息，为优柔不断，盖指原来这一点。子产《刑书》、李悝《法经》、汉魏九章十八篇，至唐《刑统》，可谓精备。复益之以张戢、张湜、窦仪诸人搜拟详论，然总于术

上研磨，于对鞫申谳处，未见好生一念真做骨子，间有知者，又将贬律从贷，误认是此物。后世分仁义、刑德作两平，忘却干元本始，故用刑而刑误。

问：将门家丁可蓄否？

答曰：须观时以为废置。蓄时有养具，停遣有着落处，则蓄之。梁震及嘉将，锐丁蓄六百余，及被论闲住，无别门可收，各投用虏庭。今日内外交通，都由此辈。赵小崖、王三、邱富皆有所由来。后周尚文、张达、李津借此觇虏虚实，虽每克成功，而边务大坏之矣。夫华夷、中外，界辨须严，虚实既通，未有不基重患。南倭盛于嘉靖壬子，亦由旧时寇而寇、商而商。商阻不通，则入寇借援。寇有凭依，则因商酝酿，向导端倪。良善澜倒，率无所于救药。宋素卿、宗设、许栋、李光头、陈东、辛五郎、萧显、陈思泰、

徐碧溪，总是我民。

问：仕有无旧章而承？近守从之可乎？

答曰：所系大则不可，如蓟、辽抚赏，分明是买和。当其事，则必思所以为之处。

又问：抚赏云何？

曰：抚赏始行于喜峰口，后无处不行。始行之有时，后不拘时而行。始只用盐米，后加牲帛，又筵席。每一行，军人科银二三钱，各口岁费一万四千余两。辽东取马市课税抽分。二十七年，形诸疏请，且覆状不参当否，视若例之所有。此样举动太易，前辈所不肯为。如府江制，给以待居平困丑，且令居守为有名之与。荣、黎、阶、文、滇、贵，每有买路钱，亦旅夫自为，犹之可也。而近日下历、高沙、岑江之给，恐未云是。蓟昌镇事，近处置尽极严密，添

设标兵五枝，枝三千名，援调七镇兵各三千名，总兵移防石匣营，当密云、古北口、石塘、墙子岭之冲，节制独石，探白草川、三门房之哨，增筑墩堡，重悬赏格，事周于前例，兵倍于宿威，不趁此时革抚赏，更何待耶！

问：救荒。

答曰：只是一个预备，以三十年之通，民无菜色，又遗人之委积以待凶荒，到得行救时，便无极善之法。《周官》十有二政聚万民，皆非常物之外添得出。所谓救荒，有三法：赈粜、赈济、赈贷。赈粜属常平，赈济属义仓，赈贷属截留。常平仓自李悝、耿寿昌平籴法，桑弘羊平准法，福建社仓法。隋文帝、唐太宗亦力行之。及文彦博、曾巩、田锡、张诹、黄寔、王孝先又一时权设粜法。义仓是民间舍粟储济。截留如苏轼截留上供米，宋孝宗令截留本

州桩管，及借会子收籴赈粜。此外，晋秦乞籴，唐宪和籴，范纯仁招籴，刘安世删常平，向经倡赈。滕达道活流民，毕仲游限赈地，刘彝收弃子，赵忭、洪皓、赵令良咸苦心殚力，并木酪凫茈，种芜菁，种豆，鬻爵，度僧，兴佣，铸币，总是一时小经画，非王猷嗥嗥大体。国初民间有备，能御大灾，到成化、弘治间，尚不乖误。周文襄处置详切，其济农仓，缓急有赖。弘治三年，班议预备仓粮，计州县里分、积粮多寡，自十里积一万五千石，至八百里积一十九万石，官以积数为旌擢。弘治十年通行，抚按稽治旷职，以严申罚。只正德来渐不加意，又复以守支为民病，且国无储羡，截留自难，而民俗萧条，义仓无所望矣。

问：捕盗何法速钩获？

答曰：捕盗之职，如药味中大黄。大黄不炼过不可

真士之寡也，将何如？

答曰：诚然，但既属之考课，不必更立他法，即从考课上实行之。如取人，必断其大体、大节，其气质之偏、形迹之疵，又须裁议，这是公论所在，大段难掩。只当事者爱憎入心，便假借论评是非不白。但末路论人，只货财一窍，是立身骨子，此处欠检点，随其才美皆可一笔勾倒，又酷惨害人，亦是大恶，然总自贪上来。

问：武官选法之难，能无累耶？

答曰：贴黄一节不可不慎，法立正黄，又立小黄，藏之秘府，三年一清理，得矣。但查黄不虔，归黄致紊，续黄苟率，遂使原黄无凭，老黄堆涌。或以调改失祖黄，或以虚应行揭黄，或据堂稿选簿准替废对黄，或乘奸贿为盗黄，或欲驱报无黄，盖君子之泽五世而斩理所宜。有霍兀

崖清黄议，似繁涩，若从简，当须平时会查的确，复设副簿，题其纲要，亦藏秘府稽维。又旧设五柜混贮，不便检阅，当更之以厨。增黄冗杂，当叠粘有法，庶一检而得。

问：武臣历行之难，如何？

答曰：只一立功欠处，所以欲其顾惜不能也。

问：居官，省接与恐见闻寡，不能达下情；若泛涉，则惹事端而乱耳目，如之何？

答曰：接与不得有意，多寡当顺其自来，但必正己。凡风论履况所着以为好恶者，须慎其趣尚，混然无见，其有先入，又不可多屏人密耳令。凡所与荡荡无涯，此是自家养德功夫，不因官有也。

问：言责。

答曰：人臣进言真从学问上起悃赤，才有为国为民

之实，后世绝好是慷慨激烈，只了得自家门面。程子可哑御史，其意味在辞义之表，不是浪说，御史岂可哑得。

问：入朝便忌荣辱之相形也，何以为弭忌之方？

答曰：贵为众所忌，以其竟取之也；富为众所怨，以其积取之也。君子量入以为天下用，所以终不能富，是以免怨。不竞于取，贵而犹以得之必其与之者，顺其所来，则众亦与之同心，是以君子必能贵于治世。然而终不得，则亦无损其为君子也。故曰君子欲之，君子乐之，所性不存焉。

问：作事制用之法。

答曰：凡制用计其常算外，须宽一二分，令其可裕于行。其所宽处，随其难易以为多寡，只不可以喜怒为登耗，凡遣人行路及程功衡日，皆须此法。

问：检验尸伤有无冤《洗冤》诸录所载，及随时随地省革诸弊，固在神而明之，但中间亦有可言者否？

答曰：谓之检验，须先鞫审而得其情，犹以口辞难信，乃复检之，试其合否？有不待审即登场，非也。况凡死者，血气将尽，其体骨多致伤迹，乌得据以为信。

问：成大事不计小费，又谓行一不义，杀一不辜，得天下不为，二者孰从而合？

答曰：甲事甲费，乙事乙费，故成于不计。费甲成乙，费乙成甲，是谓无辜，乃名不义，况恣我意见，遂我私欲，我咎深矣。

问：于官而临亲故，何如？

答曰：吴宪待崇安宰，以上世与之有契，不以法相绳。晦庵非之曰：汉武帝不以隆虑公主之故赦其子。昭

平君谓法令先帝所造，奈何以弟故废之？何面目入高庙？东方朔上寿曰：不偏不党，王道荡荡。窃意东方朔得立法本意。若谓法令先帝所造也，是第二段话。晦庵又谓为税官，若父兄宗族舟船过，须委官检税。窃意这琐碎也，不须如此，只要公心处之，不令草草放过。

问：居官请托至，何以处之？

答曰：固非曲从，亦不可加忿，当善为辞恳，张公道，开说事情，必尽吾诚意，令彼内惭而退。

问：有司主出纳，若何？

答曰：出纳有司之常，须公以计之，又须立个文案。

又问：事一在烦琐，或不系公行者，如何纪存得许多？

曰：所籍可以为考，是众见是簿书，乌可草草！

问：仕以势为用，分定而礼严，有不率焉何以遇之？

答曰：须正之。然正是行礼，不是复势，惟办诚心乃可辨。

又问：有用势横而临之，何以为承？

曰：只以诚心相感，我不缘之以动。

又问：突乎其来，从其乱命否？

曰：势固不可竞而为抗，必欲自别其趋，只怕利害毁誉心参其中，若欲避迹，因而特著避情，便为造物所忌，咎自天降。

问：君德以刚为主，但决裂重便粗疏奈何？

答曰：事要断制撇脱，亦要详审、从容，两者皆第二义，却有源头是在。能明详审从容以定明，不令有味。断

宦游日记

〔明〕徐榜　辑

《宦游日记》为明代徐榜所辑，大都是他在各处为官时所『自课』。分秉公、保民、训廉、训勤、俭有四益、勤有三益、自在箴、十三哨、戒喻、劝勉等诸节。其中如秉公、保民、训勤是作者对自己提出的为官清正、为民办事的要求，而俭有四益、勤有三益等则又是对他人的启示了。这些都对为官为人有参考意义。

秉公

厚姻娅，近小人，尹氏所以不平于秉钧；开诚心，布公道，武侯所以独优于王佐。故曰本心日月，私欲蚀之，大道康庄，偏见窒之。听信偏，则枉直而惠奸，喜怒偏，则赏僭而刑滥。惟公生明，偏则生暗。

保民

古者，于民饥溺，犹己饥溺。心诚求之，若保赤子。于戏！入室笑语，饮醲啮肥，出则敲朴，痛痒不知。人心不仁，一至于斯。淑问之泽，百世犹祀。酷吏之后，今其余几？谁甘小人，而不为君子。

训廉

惟士之廉，犹女之洁。一朝点污，终身玷缺。毋谓暗室，昭昭四知。汝不自爱，神明可欺？黄金五十驼，胡椒八百斛，生不足为荣，死且有余戮。彼美君子，一鹤一琴，望之凛然，清风古今。

训勤

尔服之华，尔馔之丰，缕丝颗粒，孰非正供。居焉而旷厥官，食焉而怠其事，稍有人心，胡不自愧。昔者君子，靡素其餐，炎汗浃背，日不辞难。警枕计功，夜不遑安。谁为我师，一范一韩。

俭有四益

凡人贪淫之过，未有不生于奢侈者，俭则不贪不淫，可以养德，一益也。人之受用自有剂量，省啬淡泊有长久之理，可以养寿，二益也。醉浓饱鲜昏人神智，若蔬食菜羹，则肠胃清虚，无滓无秽，可以养神，三益也。奢则妄取苟求，志气卑辱，一从俭约，则于人无求，于己无愧，可以养气，四益也。

勤有三益

民生在勤，勤则不匮。一夫不耕，必受其饥；一妇不蚕，必受其寒。是勤可以免饥寒，一益也。农民昼则力作，夜则颓然甘寝，非心淫念无从而生。昔公父文伯之母曰：『瘠土之民莫不向义？劳也。』渊明诗曰：『田家岂不苦？弗获辞此难。四体诚乃疲，而无异患干。』是勤可以远淫僻，二益也。户枢不蠹，流水不腐。周公论三宗文王之寿，必归之无逸。吕成公释之曰：『主静则悠远博厚，自强则坚实精明。操存则血气循轨而不乱，收敛则精明内守而不浮。』是勤可以致寿考，三益也。

自在箴

算计有益，吾亦算计；烦恼有益，吾亦烦恼。奈算计无用、烦恼徒劳何如？随缘随分，以咏以陶，度有限之

情欲之路，嗜好之府也。目爱采色，命曰伐性之斤；耳听淫声，命曰攻性之鼓；口贪滋味，命曰腐肠之药；鼻悦芳馨，命曰熏喉之烟；身安舆驷，命曰召蹷之机。此五者，所以养生，亦以伤生。

声色在前而不知好，是槁其心者也；声色已过而不能化，是荡其心者也。不槁不荡，惟从事于心学者自得之。

凡观人之术无它，但作事神气足者，不富贵即寿考。其次，莫若观其所受，此最切要，升不容斗，不覆即毁，物理之不可移者。

以岁之凶穰而荒其稼穑者，非良农也；以利之盈缩而弃其资货者，非良贾也；以行之祸福而改其善行者，非良士也。

苏黄门云：人生逐日胸次须出一好议论，若饱食暖衣，惟利欲是念，何以自别于禽兽。

张饱帆于大江，骤骏马于平陆，天下之至快，反思则忧。处不争之地，乘独后之马，人或我嗤，乐莫大焉。

饱肥甘、衣轻暖，不知节者损福；广积聚、骄富贵，不知止者杀身。饱藜藿者鄙膏粱，乐贫贱者薄富贵；安义命者轻死生，远是非者忘臧否。

居轩冕之间，当有山林之气；处尘埃之内，不可有市井之习。

未雨而雷，雨必不成；未行而言，行必不成。古人所以耻躬之不逮。

山鸡自爱其毛，终日影水，目眩则溺，人亦有溺于自爱者。芙蓉山有异鸟，其名曰鹑，爱形，顾影不自藏，为罗

者所得。士之罹于世网，皆由其不肯自藏故尔。夜蛾扑绕灯烛，驱去复来，弗至焦烂弗止，利禄声色之在人，往往甘其心而死之，何以异于是哉！

关中隐士乐道耕常言：修养之士当书月令置坐左右。夏至宜节嗜欲，冬至宜禁嗜欲。盖一阳初生，其气微矣，如草木萌生，易于伤伐，故当禁之，不特节也。

马永卿曰，唐柳公度年八十有强力，人问其术，对曰：『吾平生未尝以脾胃熟生物、暖冷物，以元气佐喜怒。』此亦当为座右铭也。

求志编

〔明〕王文禄 撰

《求志编》内容广泛，涉及当官为民，科举考试、教育为先、治军用武等。因作者『忿疾时疢，若疢在躬，』因而，『每有见，辄书之，惧遗也。』类似于今日之随笔杂记。所言皆切中时弊，有警世之效。

王文禄，字世康，海盐（今属浙江）人。嘉靖十年举人。

沂阳王生文禄曰：『予童丱时，即肆言志期纯。』王云时人目曰狂生。渐长而壮，志定，言罔移。忿疾时疢，若疢在躬，郁瘠惨慨，尚晦遵养莫或奋施，每有见，辄书之

册，惧遗也。触忌者不敢示人，聊此见志尔。

今之仕者，为廉为能，不过求升，未有实心为民者，欲天下之治得乎？此《大学》之道，在明明德，在亲民，在止于至善。盖明德则能照烛民疾苦之态，而益切恻怛之心，视民犹己，而救之恐后。止至善即纯亦不已，盖《大学》用世大典也。明明德，亲民之始事；止至善，亲民之终事。

三代以上之臣皆为民，后世则为名而已，为民者盖鲜也。夫为民即以为国，为国则涉为名。为名则口谈为国，为民之事，假之以彰誉求升耳。噫！亲民之学不讲，欲复三代之治可得乎？

为贫而仕，欲士务学耳。盖不农、不工、不商，不能存活，乃立宽限以全之，亦曰辞尊居卑，求称也。若饥饿不

能出门，始受周，至此亦鲜矣。今未至极贫，驾言为贫而仕，非为贫也，求富也。

子曰：『不义而富，且贵于我如浮云。』盖酌中立极之言，岂特不义富贵？尧舜事业亦浮云过太虚。又曰：邦有道，谷，耻也；邦无道，谷，耻也。耻也者，耻其不称，故不义也。由是观之，义之富贵，亦鲜矣。

有官守者，时时求阜民之利，除民之害，为社稷长久之计，不可须臾放过。盖人心好逸乐而易怠荒，况居官又便于骄纵，必思文王视民如伤之心，早起念人之俟我者众，而不可不勤。且光景易过，及时急立功，尤为迟也。

今之为官者，太自尊大而贵重，与民隔绝，不肯视为家事。是以治不古若。苟肯用心，每事身亲之，则不息而久，神明之政出矣。

官舡往来江上，丁夫牵挽，无间风雨、寒暑、昼夜。其乘轿马者，役人服事劳苦，当思吾何才德以堪然。丁夫之中，果有心事光明，无愧天地，反有胜吾者，是何宜也。吾偶至此，乃时文之偶中耳，非才德之胜人。如古乡举里选之法，必思所以宠者何为，则求所以补宠者何事，询民瘼、安民生，其心不可不汲汲也。

为政莫大于兵刑，民生莫重于医。是以《周官》有询听、宥赦之详，无滥刑矣。田事讲武之预，无败兵矣。十全十失之察，无庸医矣。今大理、刑部、都察院审录重囚，用一己之见，都督、都司挥户战敌，乏多算之谋，惠民药局废而不讲，奈何能兴亲民之治也。

阁辅欲天下治在谘访，凡出差官，俱要所过地方人才风俗、官吏贤否揭帖，待入京时投。凡有入京士民，必

虚心谘访，以合多者为公，即明四目，达四聪。三人占，则从二人之言也。吏部以此法求御史，御史以此法周知三司、府县，则贪者惧而不为，廉者举而有劝，天下有不向风乎。

谏职之贵选也，必抱诚直，奋不顾身之志，又能为委曲明畅之疏，以动人主之听。否则，自取轻之不足信，至论一事、贬责一二人，无复再言矣。苟素养诚直，虽死不惧，或皆引退，必能感悟也。宋人以石介狂戆，有折槛落裾之事，不可为谏职，盖见远也。然孟子曰：『大人格君心之非。』孔子曰：『吾从讽谏乎！』盖言者无迹，听者无怒。

封元后于沙漠，是不得已，当时惜无人言。求前代之后封之，以塞元后负固之心。况孔子殷人，封其后以承

汤。赵宋之后，犹的有存者，唐汉恐亦可求，举而封之，旷世公天下之大典也。

卫所之兵既罢于奔命，月粮之费多入官也。京营之兵，太半于老羸，百万之名多虚冒也。近京之兵，更翻入操，法善矣，殆应故事也，是以四辅不可不设，武举不可不重。文臣之中，当选知兵者为之提督。

今战以民兵为先锋，仿孙子『三驷』之法。夫『三驷』为久习战者，设一时之诡计也。今以不教之兵饵至锐之敌，必败而先锉其锋，随皆奔北。虽有勇者，亦无如之何也已。是谓弃兵，且长不仁之心。

试官不刊实录，而自作文，则误阅文，出帘宴，出题宴，五日一大宴，三日一小宴，甚误阅文。盖场中阅文之日甚促也。初九举子入场，十一始誊进第一场文，十二第

二场，出题宴又促矣。十五第二场文始誊完，二十外三场文始誊完，会取卷宴又促矣。二十九放榜，盖草榜已定于二十五六，在院阅文之日不过半月，而饮宴之误又间之，何能得贤？况试官未必尽贤，是以真才多遗也。必减饮宴，宽以月日，待放榜后得贤，补礼可也。

时文不足知人，必策乃见经济该博。今一切置之弗阅，初场取之，空策亦中。初场不取，锦绣策无暇阅矣，虽魁元亦多不答策问目之详。若此，只须一场足矣，安用三场哉？此试官不慎选之过也。为今之计，乞敕大学士会同吏、礼部，当科试年分，推举有学行者，严加考试之，其乡试差官如戊子年例会试，先期考过，以试官文字，揭于礼部前，为举子式，庶几人皆知学，而治道可举也。

请立一大科于会试之外，若宋制科，以鼓舞天下之

学。凡进士、举人、岁贡，不分已仕、未仕，其试文若汉策、元赋，以博通今古，练达政务为中式，行于辰戌丑未之正月，朝觐官有志者，皆得应之，视旧品超擢。初皆署教三年，满则入翰林、阁辅，九卿皆于其中取之，庶乎真才辈出也。

请复国初荐举之科，使山林之士得效用于世，则以类而进。夫山林之士更世变也，多见科第之如斯，未必不曰：如有用我者，岂如斯而已乎！况无路进身，绝意外慕，勤俭自守，习以成性，一旦举而用之，必感知遇之奇，安得不益加惕厉，以副朝廷之望，以期造福于苍生，而延宗社无疆之休？书之史册，必曰是即尧之扬侧陋也，皇唐之治，复见于今矣。

管造运舡大肆侵渔，丁稀版薄，欲舡坚久不可得也。

十三把总徒寄空名，刻剥尤甚。指挥、千户、百户、吏书皆肆侵渔，欲军不穷不可得也。把总皆画舡，运舡乃破舡，欲米不浥烂不可得也。把总舡过闸，拨运军为助，运舡漫不加意，欲舡不漂沉不可得也。至京费又取于军矣，故兑运多取粮长，粮长多取细民，民穷起而为盗，盗起必用兵，用兵必费财，故造舡须坚，把总须革，军士须行番休之法。须差主事提督河路，验视舡只，可也。又差主事数员，代把总管发运上纳，可也。又听三堂考察之、科道纠弹之，可也。运军，例带随舡器械，每年过淮，三堂教阅之。常例赏军银，就教阅时赏之，彼得实惠，威武因之奋扬，如此久习，运军皆精兵也，奚至往年流贼劫掠焚烧之祸哉！窃见河道通塞不常，临清、德州去边实近，不可不讲海运之法，以防意外之虞也。

律令，国朝之大法，今增条例则滥矣。每三岁大谳狱，御史于科场毕日即留在场，执事、守令、推官、通判之廉明者，尽心覆勘其情罪，务求生道以定决之，则无冤矣。

凡厥官上杀人则抵死，正也。今有刑杖不如法之律，宥之，是以纵其恶，而杀人无惮也。且因之横索贿赂，民惧死者，有不倾家与之乎！其不去而为盗鲜矣，民生何由安哉？不可不禁也。

律令有曰：『行军止许对阵斩首，不许搜山斩首。』今世则搜山斩平人为功矣，而不知对阵后凯捷时，途中遇平人则斩之，又何验也？是以必得仁智之将可以语此。

王道以教为先，后世养而已矣，或养亦未足也。有一

